森川昌和著

鳥浜貝塚

——縄文人のタイムカプセル——

未來社

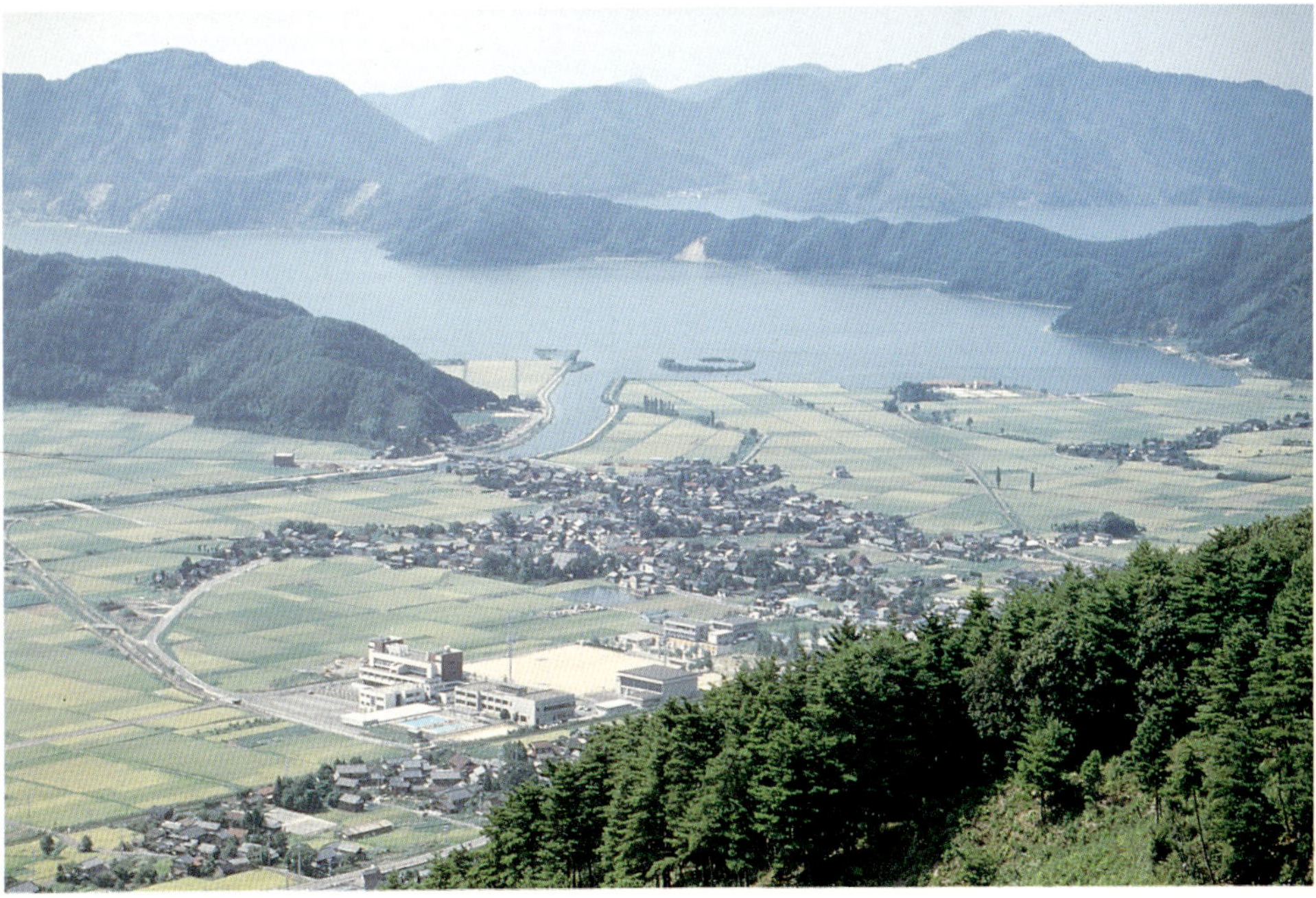

(上) 上空からの鳥浜貝塚。中央が椎山丘陵。その先端部の川底を中心として遺跡が広がっている
(下) 遺跡東側の山中からの遠望

(上)遺跡の近景

(右)トレンチの層序と地層の剝ぎ取り
貝や動物骨と有機質が交互に層を成している

ヒョウタンの果皮

木の葉

昆虫の羽

発掘の様子

木器の出土（石斧柄）

第1号丸木舟（上・左）

木槌としゃもじ（下）

丹彩土器（上）漆塗り土器（下）

漆塗りの容器３点

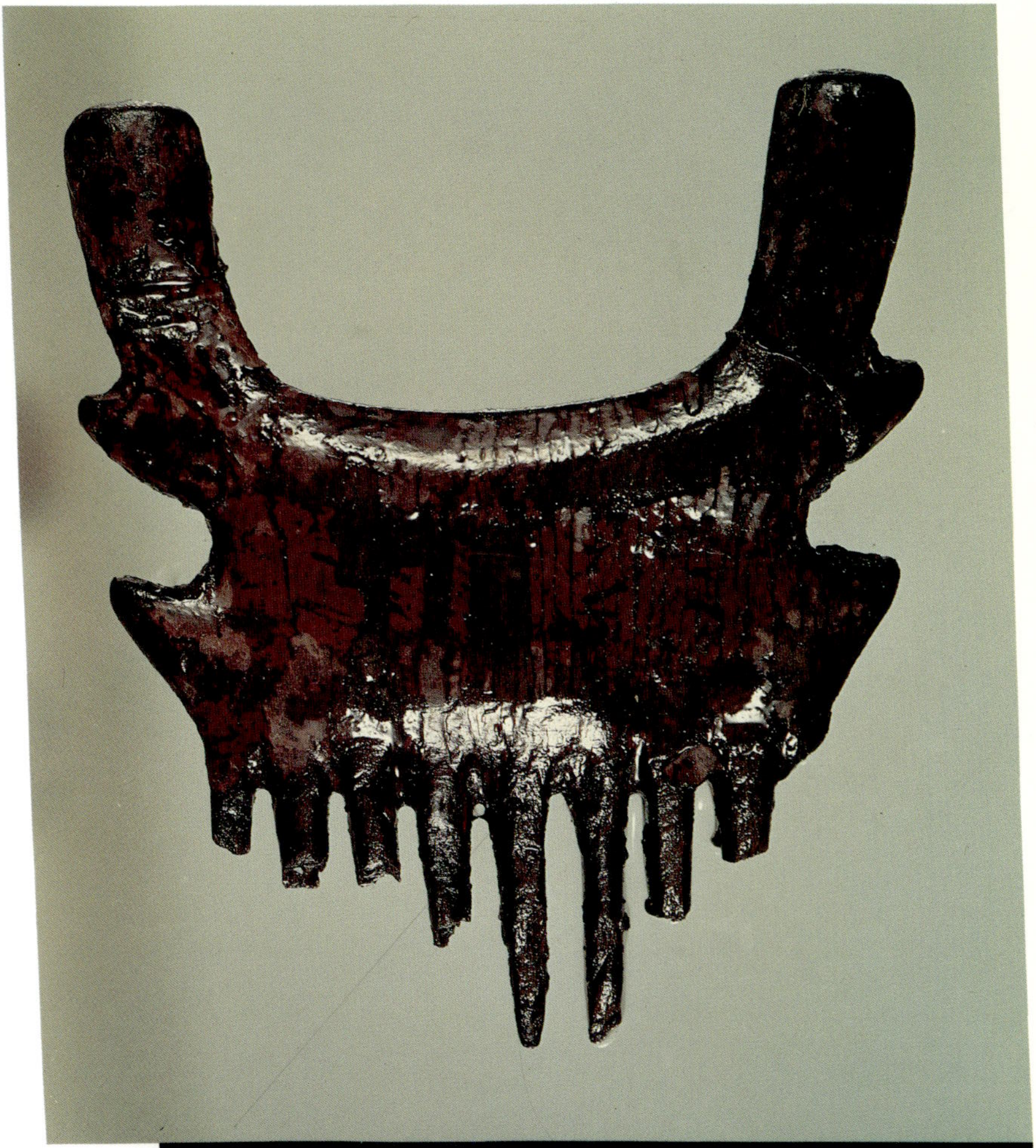

赤色漆塗り櫛

サメの歯のペンダント

トリハマ・パール

骨角製のかんざしやヘアピン、ペンダントなど

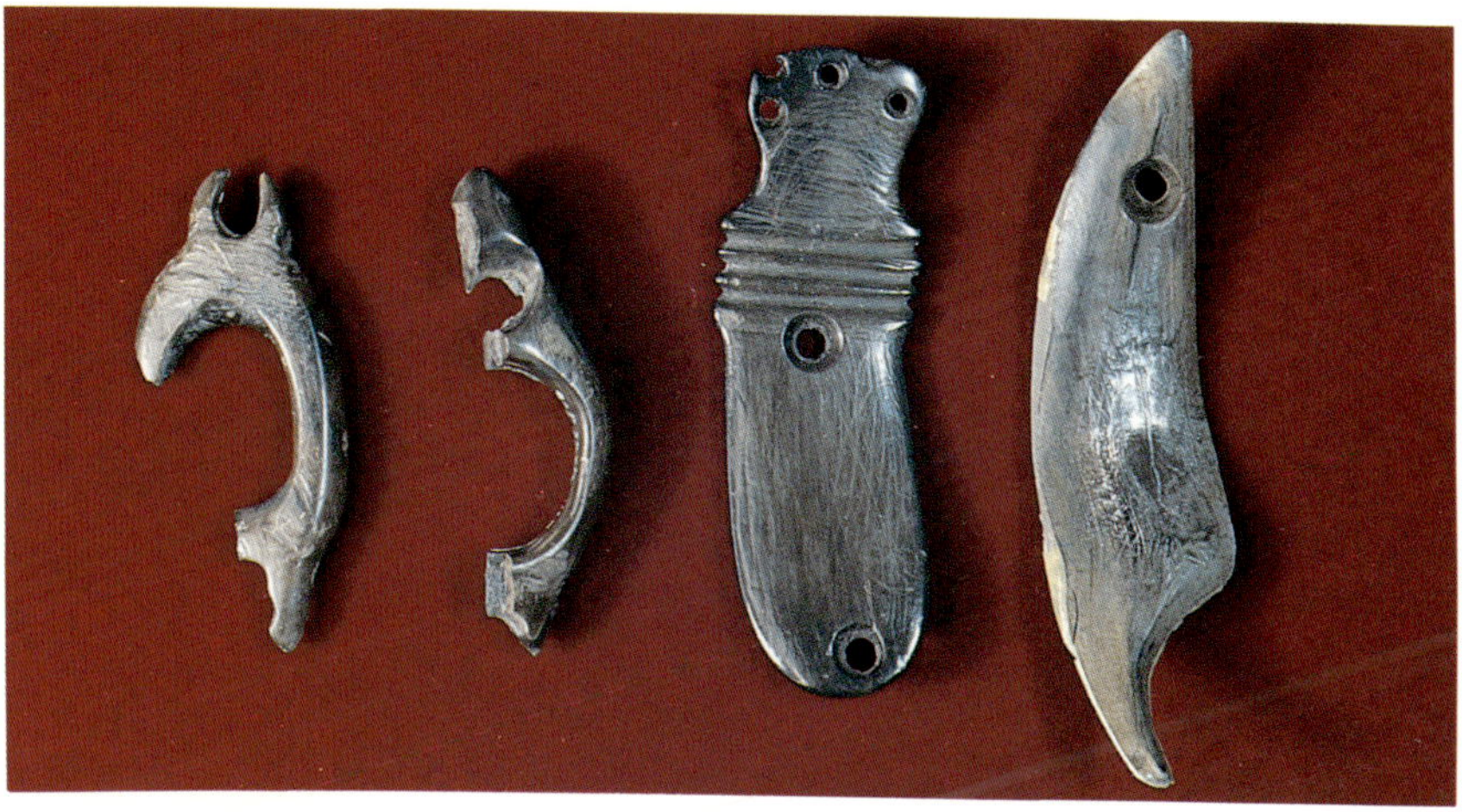

骨角製のペンダント

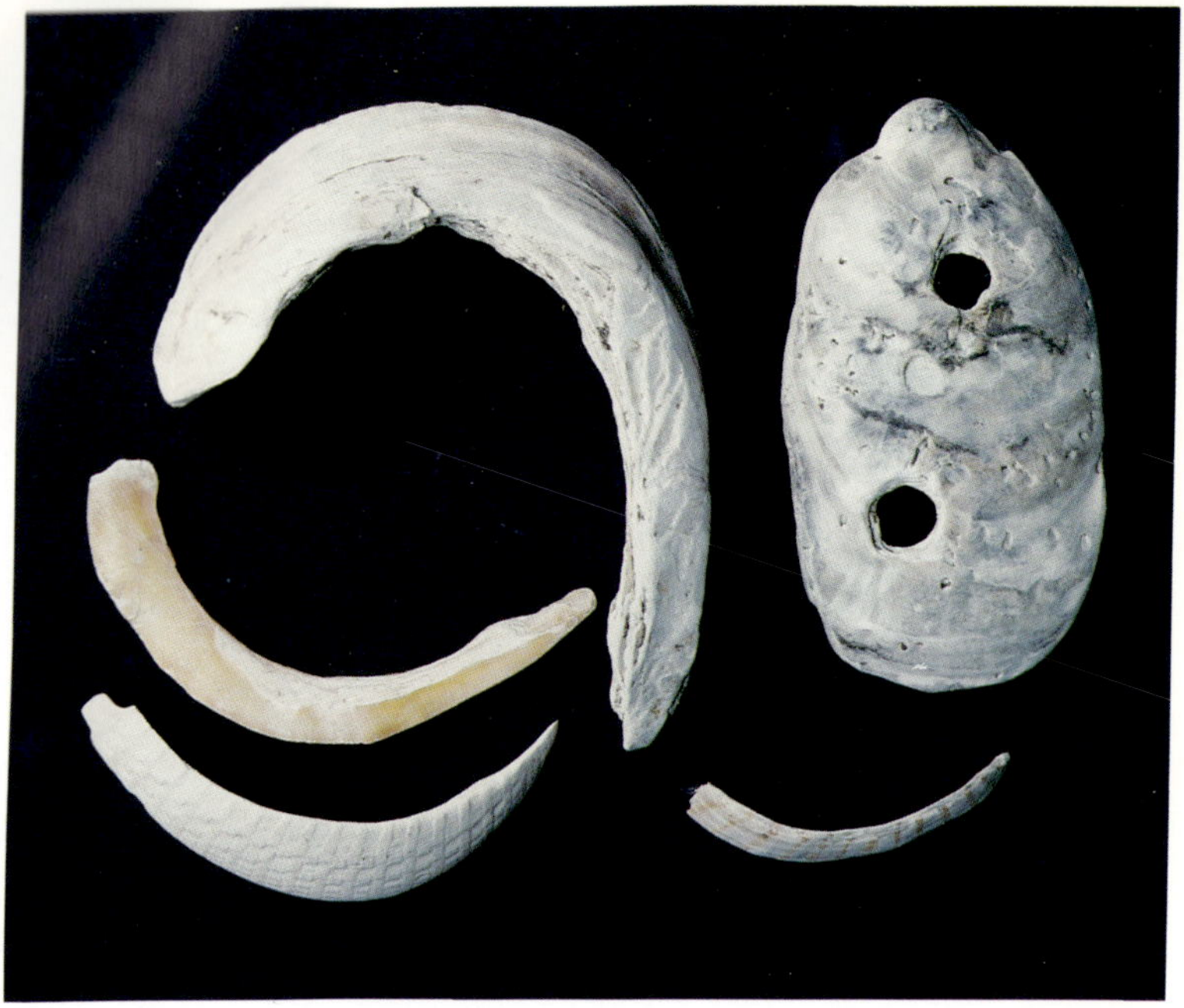

（左）骨製ペンダント　飾りを貼りつけるための象眼が施されている　（右）貝輪と貝のペンダント

玦状耳飾り

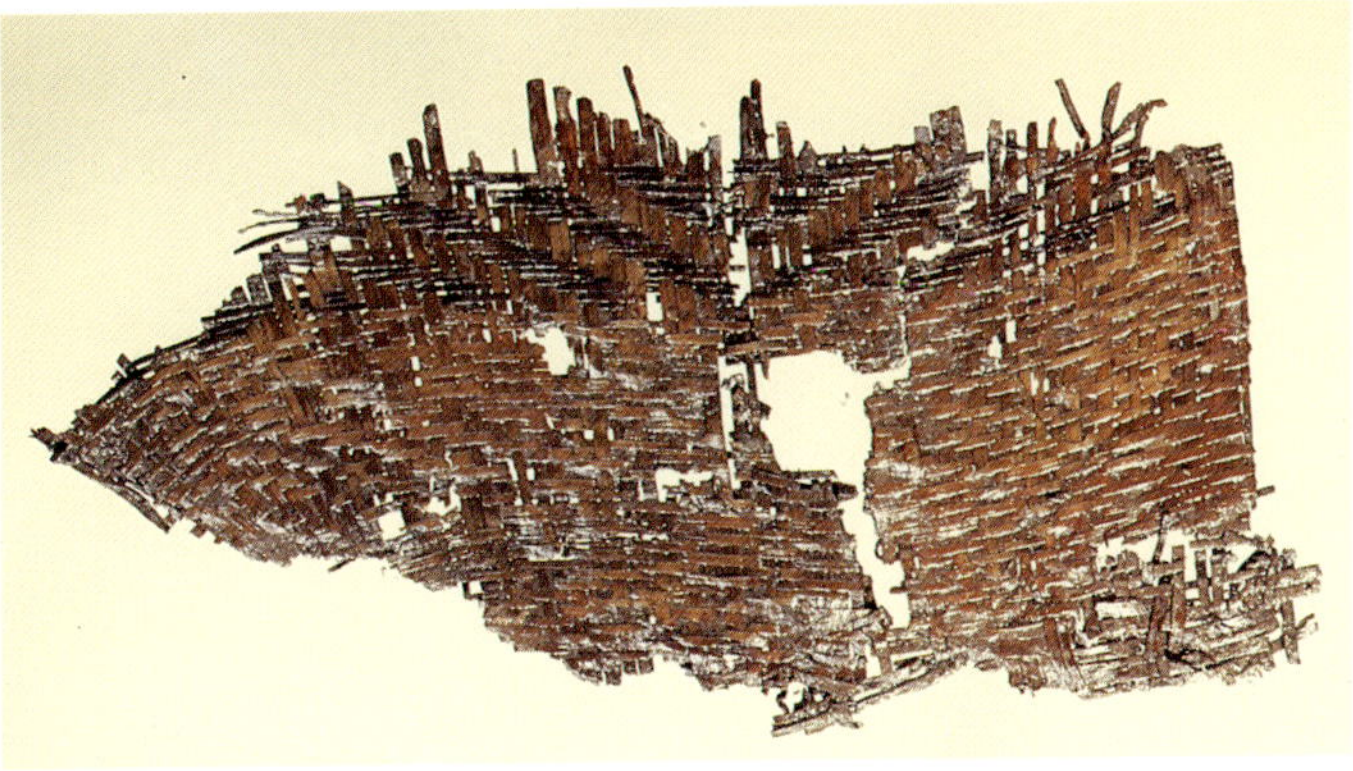

文様が編みこまれた編み物　アカソ、アサ、ヒノキの細割などが使われた

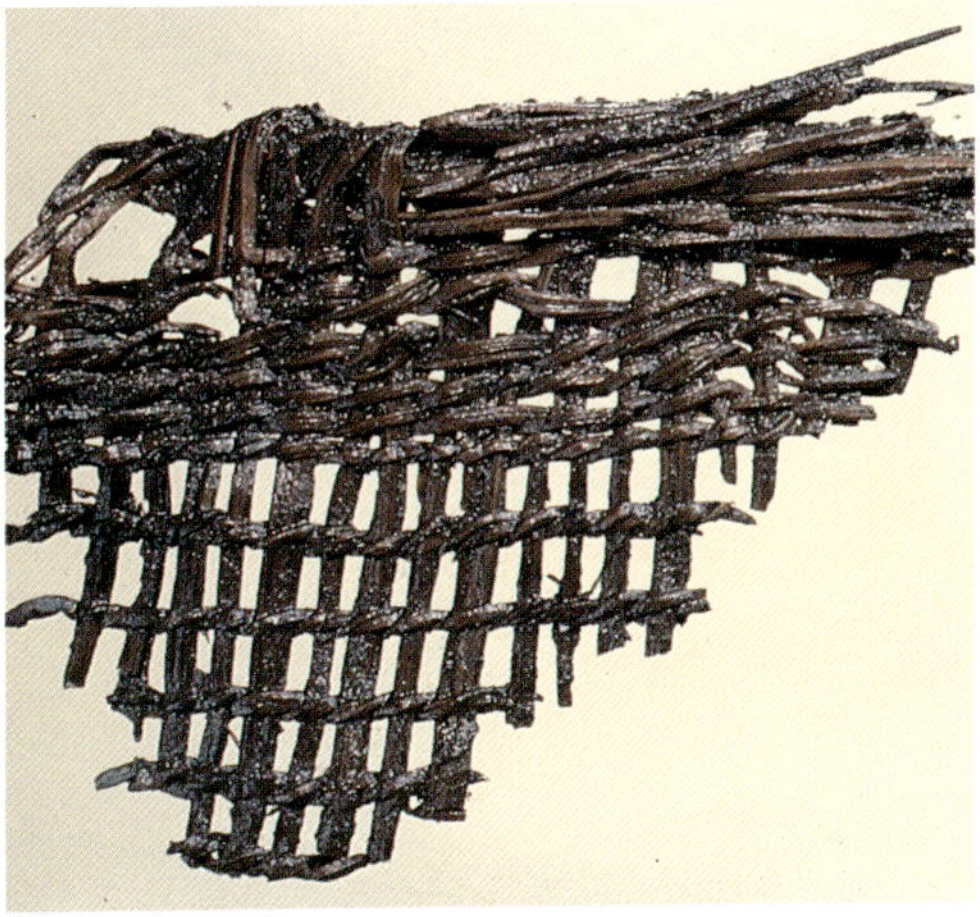

編み物の一部　口辺と胴部で編み方が異なる

もじり編みの編み物

網代編みの編み物

アカソのアンギン（編布）

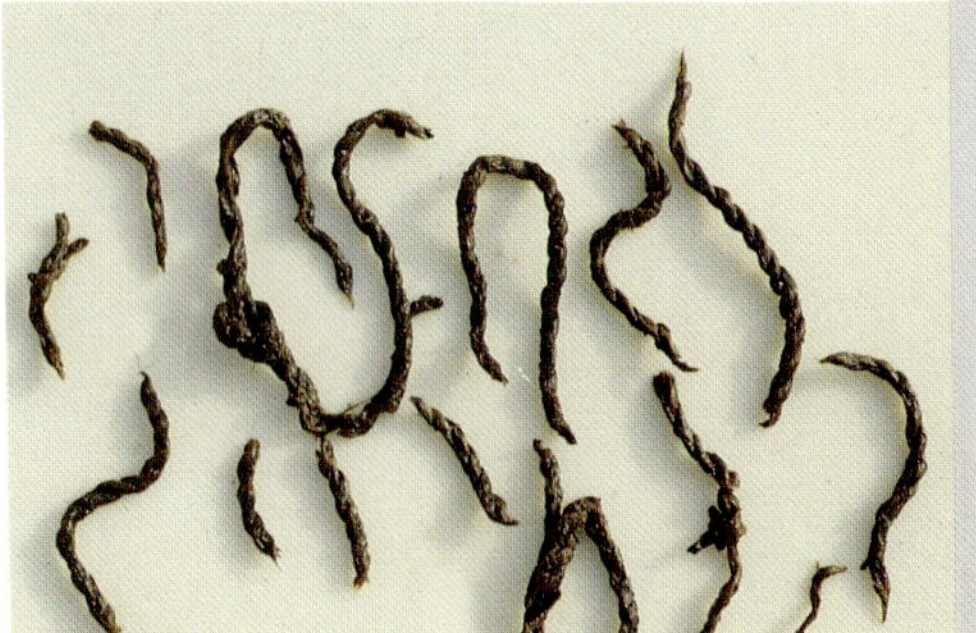

アサを撚った糸

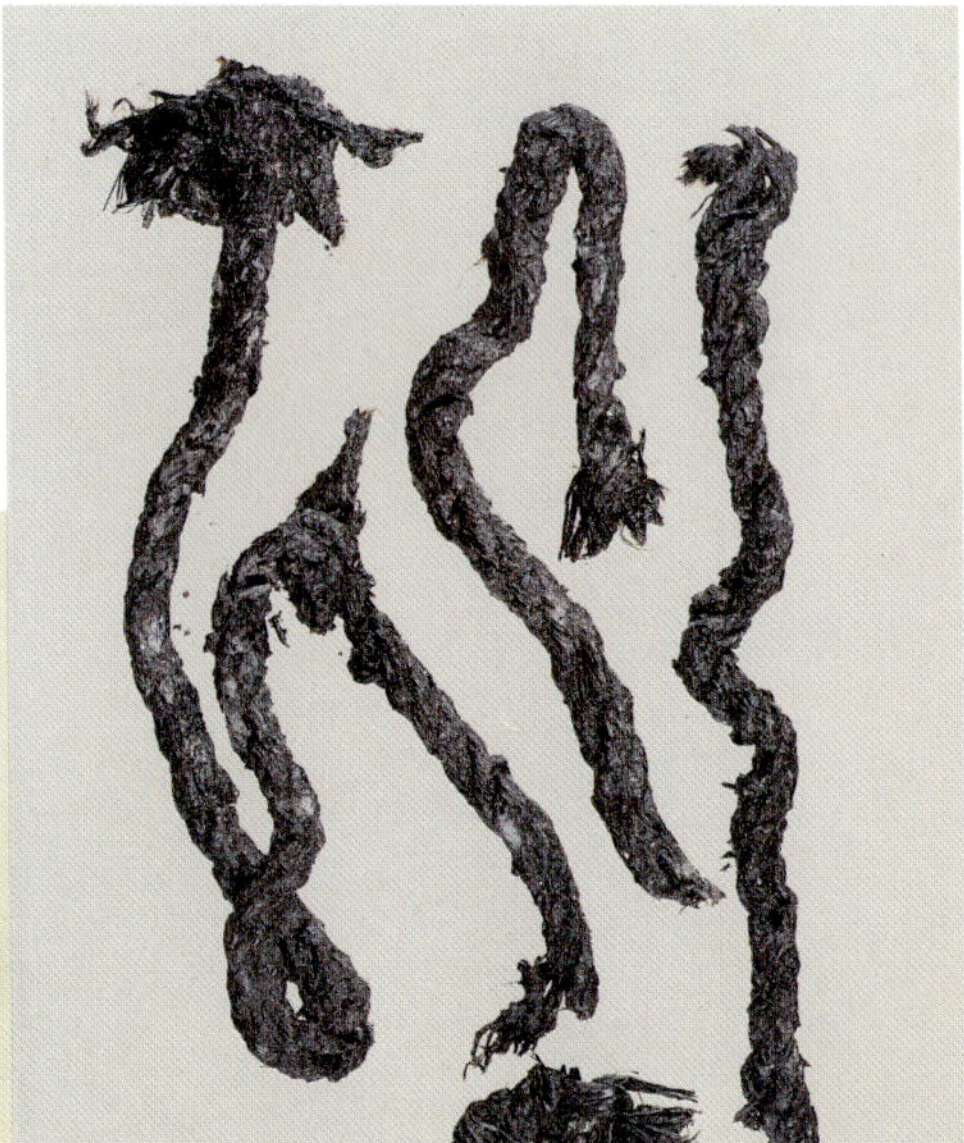

直径２cmの縄

序

一九六二年から一九八五年にわたって行なわれた鳥浜貝塚の発掘は、縄文時代に関する考古学の常識を変えてしまったといってよい。なぜなら、この遺跡は、二隻の舟が出土したことなどから明らかに海の遺跡であり、今まで森の文化と考えられていた縄文文化を改めて海の文化として見直すことを要求した。

それればかりではない。鳥浜貝塚は湿地帯であり、数千年前に作られた木器がそのまま出土した。縄文時代にはすぐれた土器が作られたことはよく知られている。土器とともに木器もすぐれていたのではないかという憶測があったが、その憶測が確かめられたのである。木器は文字通り適材適所に使われていて、その技術水準も後の匠の技術を思い出させるほど精巧である。

森川昌和氏は鳥浜貝塚の発掘調査に携わった考古学者の一人であるが、この書には遺跡発見に関わる驚き、感動、困難などが、興味深く書かれている。森川氏には巧まざる文才があり、この書はすらすらおもしろく読める。本書によって、読者は自ら鳥浜貝塚の発掘という考古学界の大きな事件のなかに入り、考古学のおもしろさと縄文文化の魅力を味わうことができる。

広く考古学や歴史を愛する人にこの本を読むことを勧めたい。

二〇〇二年三月

三方町縄文博物館館長　梅原　猛

鳥浜貝塚　目次

第一章　二五年調査の歩み

第一節　一枚の葉書

●四〇年来の宝物

学生時代からずっと、これだけはなくせない、宝物のように大切にしまってきた一枚の葉書がある。

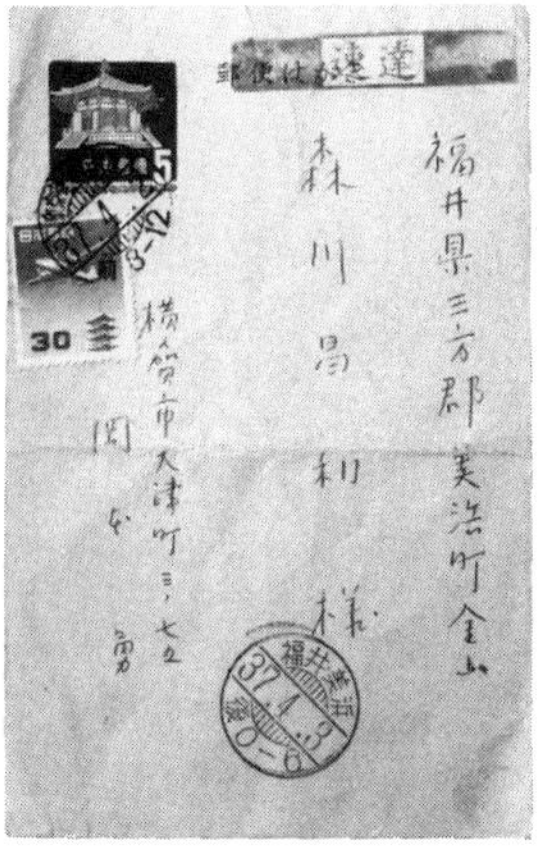

鳥浜貝塚の重要性を指摘された葉書

一九六二年（昭和37）四月二日付の五円の葉書で、三〇円の速達になっている。発信地は東京都内、差出人は恩師の岡本勇さん。端正なロイヤルブルーの万年筆の跡がくっきり鮮やかだ。

少し大げさだが、やや色あせたこの葉書を手にもつと、いまでも青春の血がわき立ってくる。わたしの一生を左右することになる「鳥浜貝塚」との出合いをこの葉書はありありと浮かび上がらせてくれる。

当時わたしは、立教大学の文学部史学科の学生で、考古学はむしろ趣味として親しんでいた。

入学当初から、「史学研究会」の「考古学ゼミナール」に属したのは半ば偶然からだったが、やがては、考古学の魅力にひき込まれてしまったのだから一つの機縁だったのであろう。

大学の三年生になって、いよいよ卒業論文の準備にはいるときには、遺跡の多い故郷の考古学を選ん

1962年２月、高瀬川改修当時の状況。遺物が岸や川の中に散乱していた

でいた。恩師の岡本さんの勧めもあったが、卒業しても、若狭で教師をしながら研究を続けることができるからである。「若狭地方の後期古墳」をテーマに決めた。指導は史学科の中川成夫さんにしてもらうことになった。

一九六二年（昭和37）の春休み、東京から応援に駆けつけてくれた後輩の井関博道君とともに、若狭一帯の古墳分布の調査に、わたしは充実した日々を送っていた。

●初めてみた鳥浜貝塚

三方《みかた》町南部の古墳調査をひととおりすませた帰り道、鳥浜の地で奇妙な光景に出合った。井関君と何度もそのときの話をすることがあるが、夢のような光景であった。

三方湖に注ぐ鰣川《はす》には、南へ約一キロの上流で、西から流れてくる高瀬川が合流する。その合流地点近くでは、前年の相次ぐ大水で両岸をえぐられ、ちょうど復旧工事中の現場には、川底からあげられた土砂に混じって、まぶしいほどの真っ白な貝殻が散乱していた。

近づくと茶色の動物の骨がおびただしくみられた。それらはシカの角やイノシシの歯であり、ススのついた真っ黒な土器の破片と一緒に出ている。

縄文時代の貝塚であることはまちがいない。

しかし、不審に思ったのは、これらに混じって木片、クルミ、ドングリなどの種子類が大量に見受けられることだ。それらが一緒に出ていることが、わたしには、どうも理解できなかった。

これが、わたしのみた最初の鳥浜貝塚であった。

一九六二年（昭和37）の二月中旬のことである。

当時、この種の工事は、まだ手作業中心に進められていたことが幸いして、工事のテンポは悠長であった。そこで井関君と話し合って、とにかく岡本さんに一報を入れ、表面採集した土器や種子類を郵便小包で送ることにした。その返事が、冒頭にふれた葉書である。先生は、佐渡島に出張中であったため、返事が遅れたことをわびたあと、

「……だいたい縄文の前期の中ごろか後半になるものだと思いますが、後期初めのものらしいのが一片含まれています。資料的に貴重なものですからできるだけ採集して下さい。（中略）遺跡の立地も興味深いと思います。地形や貝塚の状態や自然遺物などあらゆる点を観察記録する必要があります。ぜひやって下さい。また古墳の調査にも頑張って下さい。今度上京されるときには、いろいろのお話しを聞けるのがたのしみです」

学生にあてた手紙としては、ずいぶんとていねいな文面であり、短い文面のなかにも対処すべき要点が的確に示されていた。そこに、この遺跡の大切さと弟子への激励とが強く感じられた。

●宿縁の第一歩

井関君はやがて帰京したが、わたしは古墳調査を棚上げにし、貝塚の表面採集を続けることにした。

自宅から列車でひと駅の鳥浜へ通ったのだが、朝から弁当持参で、日の暮れるまで、土器片や石器・獣骨を一つ一つ取り上げていると、夕方にはリュックサックがいっぱいになった。

重いリュックを背負い、登山帽にドロドロのゴム

鳥浜貝塚の発掘現場は、中央を北流する鰣川左岸の川底にある。民家の向こうは椎山丘陵の先端にある湖守神社の森。鰣川橋の先方に三方湖がある。写真は1975年第４次調査当時

長靴姿で、夜道を三方駅に向かっているとき、警官の職務質問につかまったこともある。懐中電灯に照らされた顔は泥だらけ、身なりは闇屋スタイルだ。リュックを調べて、あぜんとする警官の顔はおかしかったが、そのため、ひと列車乗り遅れたのも、なつかしい思い出である。

こうして採集した資料は、有機質遺物（木や種子類）は別にしてリンゴ箱約五箱ばかりあった。

土器の破片（丹彩《にさい》土器・漆塗《うるしぬ》り土器も破片があった）や石斧《せきふ》、石鏃《せきぞく》、石匙《いしさじ》、石錘《せきすい》、それに骨角器《こっかくき》などがあり、当時としては、ちょっとした発掘資料であった。いまでも大切に保存している。

しかし、この貝塚の重要性を感じながらも、まだ、珍しい切手を集めているような気分の方が強かったのは事実だ。でもこうして、わたしと鳥浜貝塚との宿縁ともいうべき、最初の一歩が始まったのである。

●「土器の出る川」

大正末の若狭地方の考古学には、地元に、今井長太郎さんらがいた。今井さんは、専門は植物学だが

1914年(大正３)以前の鳥浜貝塚周辺の地形模式図

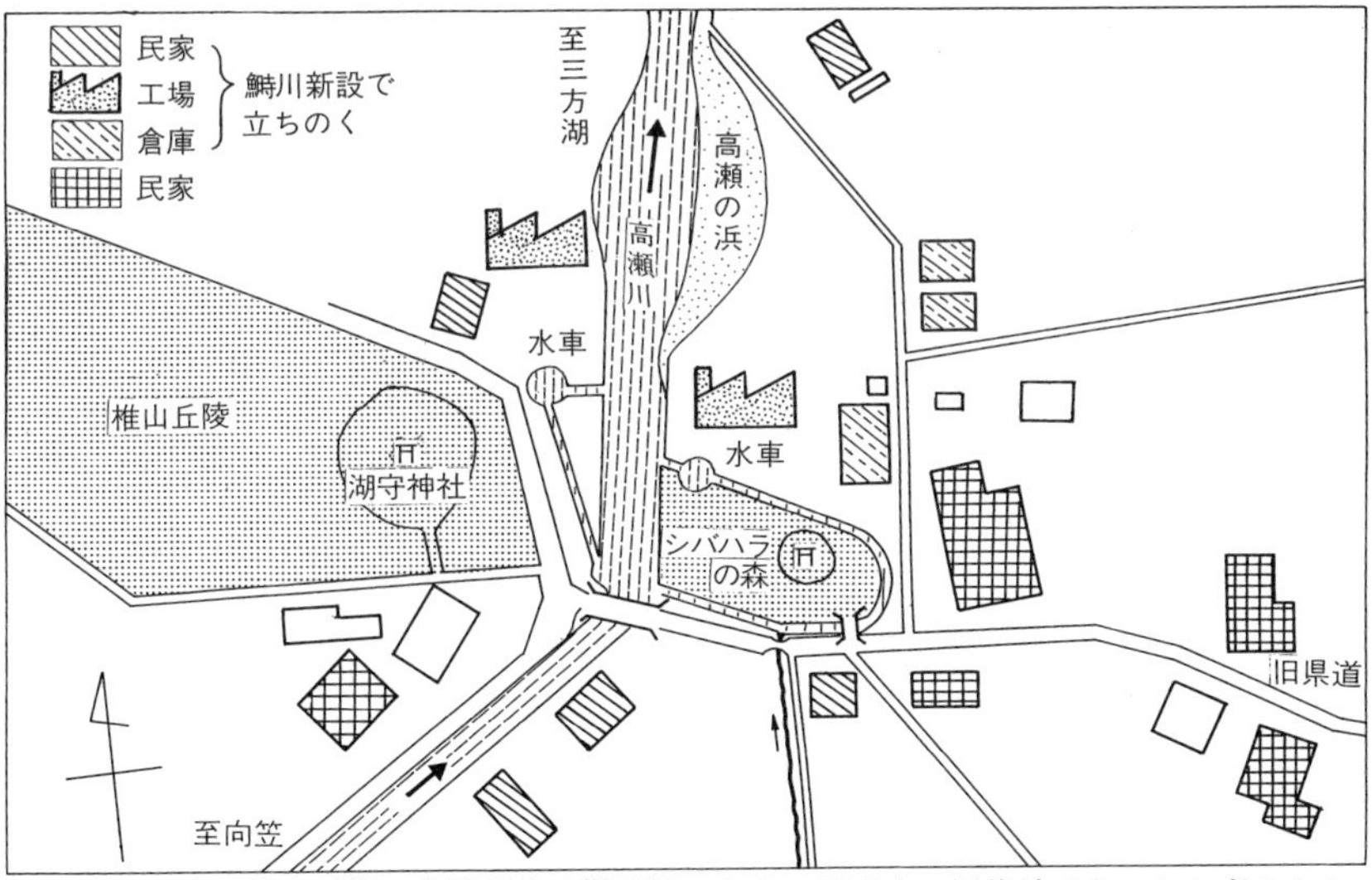

シバハラの森は椎山丘陵の先端部分の微高地にあり、縄文人の居住地であったと考えられる。1925年からの鯆川のつけ替え工事によって３つの倉庫と５戸の民家が立ち退き、２つの工場と水車が廃業、シバハラの森も削除され、鳥浜貝塚の中心部は川底より下になった。

1976年(昭和51)当時の鳥浜貝塚周辺の地形模式図

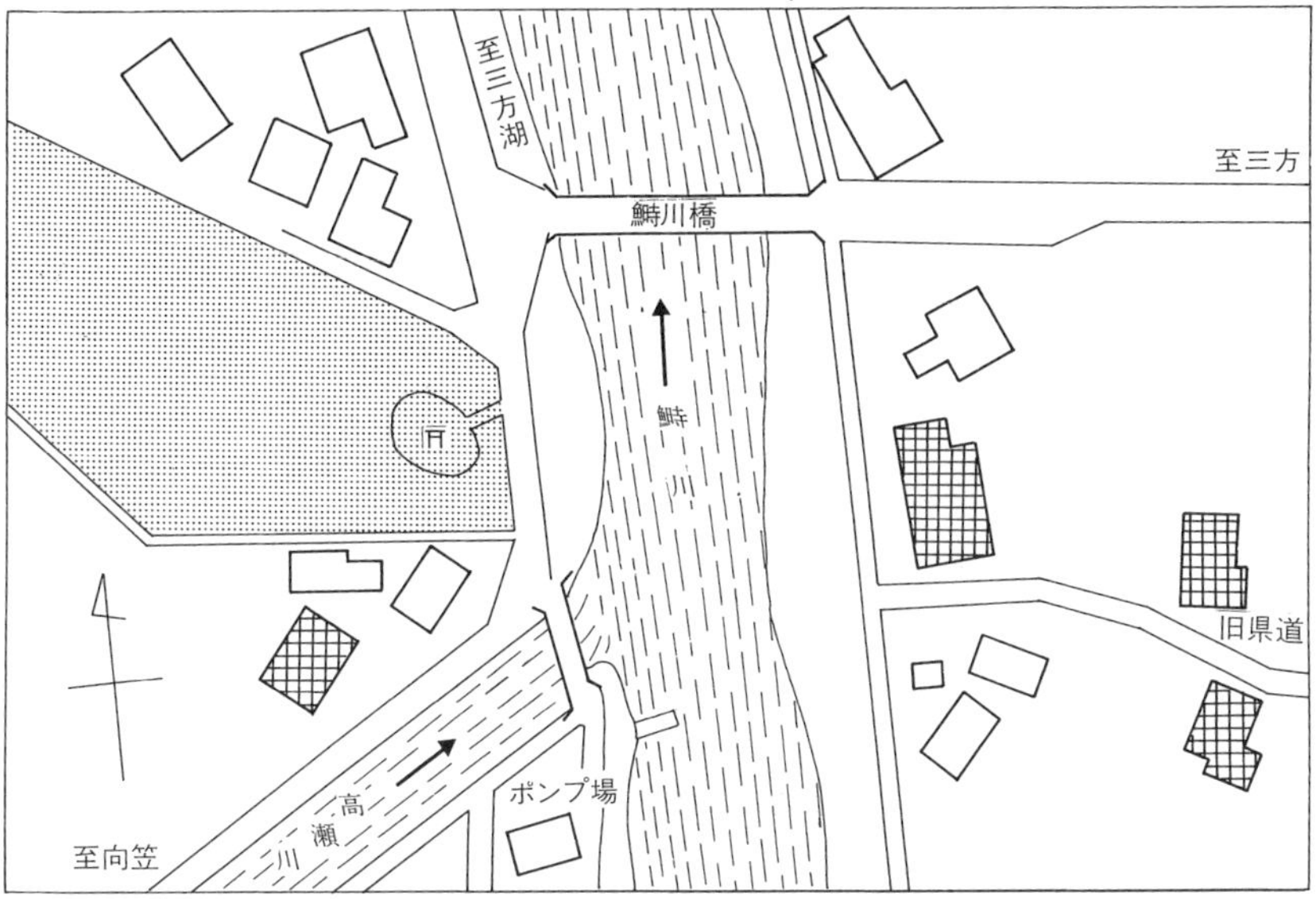

考古学にも造詣が深く、地道な研究を重ねた郷土史家のひとりである。

当時の鯖川は、鳥浜地区の集落のなかを流れており、しばしば大水を出す暴れ川であった。そのため、一九二五年〜二九年（大正14〜昭和4）、上流の藤井地区付近から鯖川の流路を付け替えて川幅を広げ、現在の地点で高瀬川に放流する大改修工事が実施されている。

そのとき、合流付近の河床《かしょう》が掘り下げられ、広範囲にわたって、多量の土器片が出てきた。改修工事が合流点付近の微高地とともに、貝塚の上部を削り取っていたのである。

しかし、その当時は、だれひとりとして、そこに縄文時代の遺跡が包蔵されているなどと気づいた人はいなかった。そのまま四〇年近くの歳月を過ごすことになる。

昭和も三〇年代になると、当時の同志社大学の酒詰仲男さんが日本海沿岸をテーマとする意欲的な研究を進めており、大学院生であった石部正志さんも、若狭地方の古墳や製塩土器を中心に目ざましい成果をあげていた。

その際、石部さんは、地元から請われて三方町にも足をのばしている。

そして一九六一年（昭和36）七月には、今井長太郎さんら地元の人々の協力を得て「土器の出る川」といわれていたこの鯖川と高瀬川の合流点の川底をさらって、かなりの量の土器破片を採集し、その成果を発表した。鳥浜貝塚が学会に発表された最初である（「福井県鳥浜貝塚（予報）」『先史学研究』第四号　一九六二）。

一九六一年（昭和36）という年は、六〜七月に山陰・近畿の大豪雨、九月には室戸台風と、気象災害の多い年であったが、鯖川・高瀬川も大きな被害を受けている。

洪水のあとの復旧工事は、翌年二月にも行われていたが、じつにこの護岸工事で、本格的な貝塚であることが初めて判明したわけで、貝塚発見の報は今井長太郎さんから、いち早く石部正志さんに知らされた。わたしが貝塚に出合ったのも、このときの工事現場だったわけである。

第1次調査の発掘現場　右の護岸側が高瀬川で電信柱の下の人物が見える部分がAトレンチ。左側の川が鰣川で人物が見える部分がBトレンチ。二つの川の合流点には岩盤が露出している

●立教大学・同志社大学、第一次共同調査

鳥浜貝塚が、学界に知られる契機となった護岸工事は、一九六二年春、ひとまず終了した。だが、引き続きこの合流地点には、鰣川の水を上流の水田に送り込む、揚水ポンプ場の建設計画があるという。貝塚にとっては壊滅的な打撃となるが、当時は、遺跡の保護問題が地元の話題にのぼることもなく、建設計画はすべてに優先する気運が強かった。

わたしは岡本勇さんに事情を話した。「貴重な遺跡だからなんらかの対策を講じるべきだ」と、同様に事態を憂慮していた石部正志さんとの相談が実り、立教大学と同志社大学による共同調査が実現した。

第一次調査は、ポンプ場建設に伴う調査として、一九六二年（昭和37）七月二四日〜三〇日の一週間という、きわめて短期間に実施された。鳥浜貝塚に、初めて本格的な発掘調査の手がはいるという、記念すべき日を迎えたのである。

顔ぶれは、同志社大学から調査団長の酒詰仲男さ

んをはじめ、大学院の石部正志さん、白石太一郎さん、同大考古学研究会の学生らと、立教大学から中川成夫さん、岡本勇さん、加藤晋平さんに立大考古学ゼミナールの学生らが参加、総勢二五人である。わたしもその一員として連なった。卒業論文は、後期古墳どころか、鳥浜貝塚という願ってもないテーマに恵まれたのである。

鳥浜貝塚の第1次調査発掘地点(A・Bトレンチ)

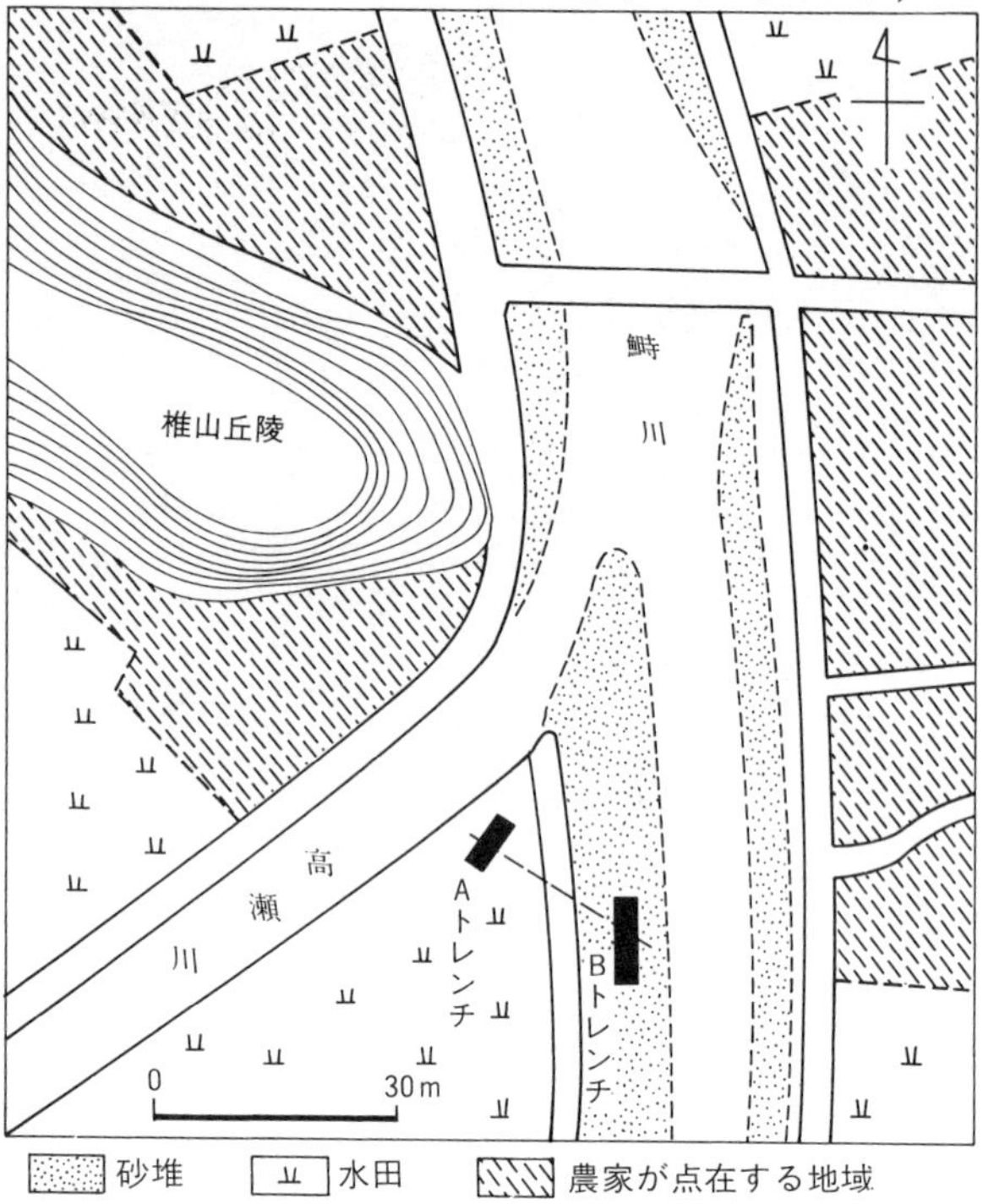

模式断面図

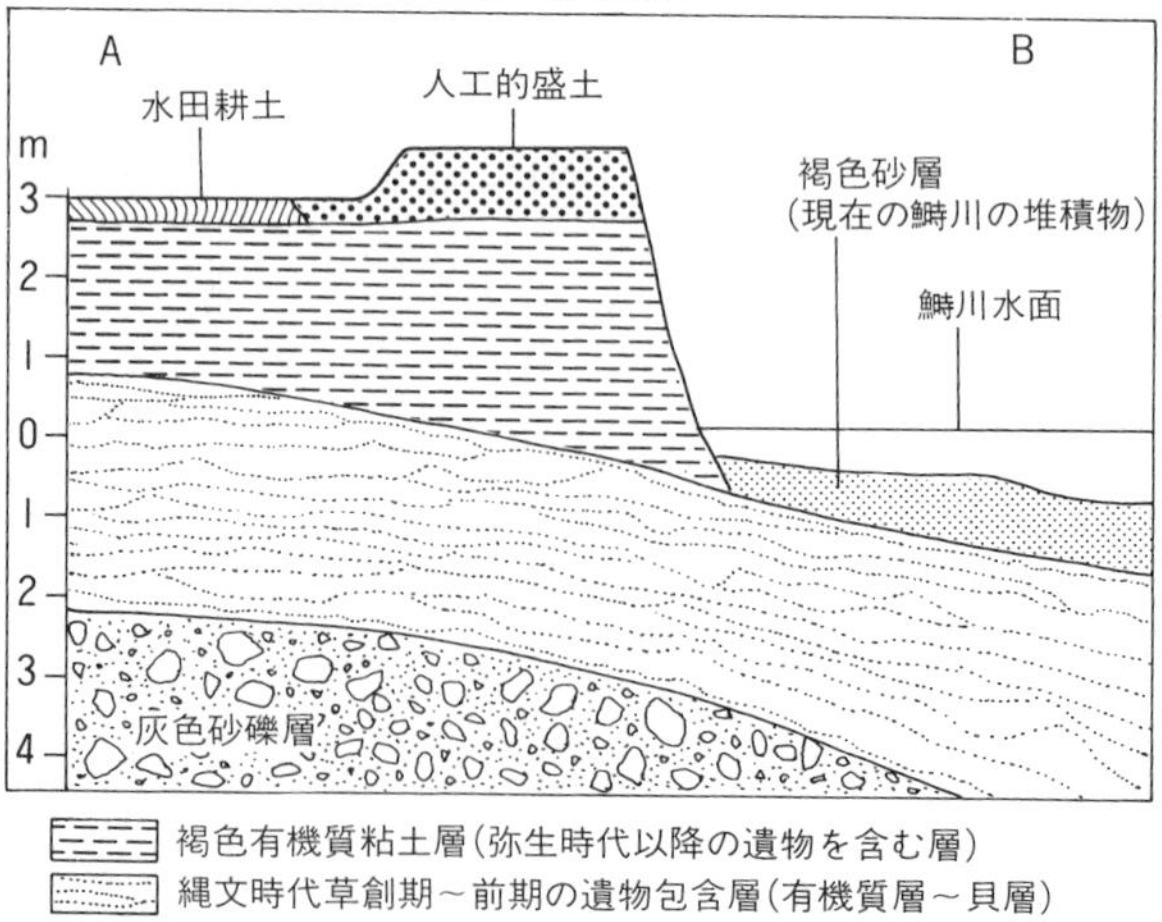

●海抜ゼロメートル以下に縄文文化層

調査はまずA、B二本のトレンチの設定から始まった。トレンチというのは試掘溝のこと。短冊形の細長い区域を掘り下げると、その断面に、くっきりと地層の重なりが縞模様になってみえてくる。その地層を確認しながら上から一枚ずつ剝ぎ取っていき、出土物を検出するのである。限られた条件のもとでは、遺跡の範囲・包含層《ほうがんそう》・堆積状況が、最小の調査で観察できる有効な方法だ。

Aトレンチは立教大学が担当し、高瀬川右岸のポンプ場予定地に設けられた。東寄りの、鯆川左岸のBトレンチは同志社大学が中心となり、互いに連携しながら、素掘《すぼ》りで掘り下げていく。予定地の位置は、Aトレンチで標高三メートルである。

Aトレンチは、表土から三・二メートルを掘り下げて、ようやく縄文時代の包含層に到達した。その下に、第五層から第一五層を数える貝層と有機物層が重なり合って、はっきり層序をつくっている。下層になるほど湧き水も多くなり発掘には危険だが、植物性遺物の保存はきわめて良好である。

ということは、海抜ゼロメートル以下に、厚さ、二メートル以上の縄文文化層があるわけで、きわめて特異な立地の遺跡であることが判明してきた。

●予想外に豊富な生活遺物

第一次調査は、期間も規模もきわめて小規模のものにすぎなかったが、予想を超える重要な遺跡の特質を明らかにする内容をもっていた。

発掘された人工遺物には、まず大量の土器破片がある。土器型式からみて、縄文前期にあたるが、早期の土器片も混じっているから、他の地点に早期の包含層があるにちがいない。

土器片のほとんどが少量の雲母を含んだ焼きの硬いものだ。ススがびっしりこびりついた深鉢《ふかばち》は、煮《に》炊《た》き用であるが、丹彩土器は小型で、ちがう使い方をしているのがうかがえる。漆塗りの土器は重要だ。あずき色の漆を塗り、その上に黒い漆で爪形文《つめがたもん》のモチーフが描かれている逸品である。これらは、工芸技術の高さばかりでなく、洗練された生活のレベルをうかがわせるものだろう。

そのほかの工具や生活用具も、通常よりはるかに良好な状態でおびただしく出土してくる。粉食用の石皿《いしざら》、狩りや漁労に使われた石鏃・石錘、工作用の石錐《いしきり》・スクレーパー・磨製石斧《ませいせきふ》などの石器類。孔《あな》のある骨針《ほねばり》・ヤス・ヘラ状の骨角器類。貝製品は上等なベンケイガイ製の貝輪《かいわ》。木製品には、丸木舟の出現を予想させる保存のよいアワブキ製の櫂《かい》の未成品、イヌガヤ製の小型弓（発火具・ドリルの回転器具）、おもにクリ材の大量の杭《くい》類、加工された木片類が現れたが、なかでも、Bトレンチから編み物が出土しているのは注目された。

土器型式についてみると、縄文前期の「北白川《きたしらかわ》下層式」土器は、さらに「北白川下層I式」と「II式」とに細分化できることが層位的に確証され、西日本の縄文時代前期の土器編年にとって画期的な成果であった。

●縄文のタイムカプセル

このように鳥浜貝塚は、早くも、その端倪《たんげい》すべからざる内容の片鱗をのぞかせていた。やがて、縄文のタイムカプセルとよばれるようになり始めた鳥浜貝塚が、大規模な調査に移ってから、以後、四半世紀をかけた発掘のたびに、縄文時代の生活用品のすべてが、水漬けになって冷蔵されたまま、生々しい姿を現してきた。

豊富な木製品・縄・編み物・漆製品とともに、それに使用された工具のすべてが発見され、かれらの木工技術・漆工技術について、これまでの通念を変革させていく一方、栽培植物であるヒョウタン・エゴマ・ゴボウなどがぞくぞくと出現して、菜園のある風景さえ思い浮かび、自然採集だけの生活ではなかった様子が知られて、縄文人のイメージを大きく変えていくことになったのである。

第一次の調査は終わった。地表からの深さは五・五メートル。その下は湧き水の多い砂層で、素掘りでは土砂崩れの限界ぎりぎりに達している。危険を避け、ここから先は後事に託す。

第一次の調査資料は、木製のリンゴ箱に入れて、それぞれ京都と東京の大学へ鉄道便で送られた。

立教大学が採集した自然遺物については、ここで初めて自然科学のメスが入れられた。動物骨は早稲田大学の金子浩昌さん、種子については当時の資源科学研究所の籾山泰一さん、木材については同研究所山内文さんに依頼したが、学際的研究の始まる口火となった意義は大きい。

獣骨はイノシシ、シカなど一一種、魚類はギギなど七種、貝類はマツカサガイ、ヤマトシジミなど一四種、鳥類はカモの仲間が明らかにされている。種子類はオニグルミ、クリなど一四種、木材ではカヤ、スギなど六種が明らかにされ相当な成果があげられていた。

第一次調査参加者

第二次調査参加者

●手弁当の熱い思い出

第一次調査の意味は大きかったが、埋蔵文化財への関心や保存意識はまだ十分ではなかった。無名の一地方では調査費も、有名な遺跡や文化財先進地とは比べるべくもない、大きな落差があった。

当時、自費発掘は珍しくなかった。このときの調査費用も全額が調査団の負担で、東京から参加した学生の出費は、旅費、宿泊費、食費等約一万円。散髪代が一三〇円くらいの時代には、手痛い負担であった。炎天下の作業に昼食はニギリメシ、夜は全員が集まり研究会などに時を忘れてがんばった。参加した誰もが、熱烈な思い出をもったものだ。

この調査実現を、とりわけ地元の研究者、今井長太郎さんは、わがことのように喜ばれた。鳥浜貝塚の重要性を明確に認識されており、植物学が専門なので、木材や種子類の鑑定結果には大きな関心をもって注目され、調査中もたびたび激励にこられたのも忘れがたい。温厚な情熱は、われわれには大きな励ましであった。

鳥浜貝塚の第一次調査の成果は、さっそく、立教大学考古学ゼミナールが、その年の一一月の立教祭で四日間、出土資料を展示して、「縄文時代に農耕はあったか」というテーマでまとめたが、大盛況であった。一九六〇年代を考えれば、問題意識に富んだユニークな展示であった。

一九六三年五月には、日本考古学協会で岡本勇さんから発表された。また、わたし自身も、第一次の調査成果を卒論にまとめさせてもらった（「鳥浜貝塚をめぐる2・3の問題」『物質文化』一号　一九六三）。

第1次調査高瀬川寄りのAトレンチの発掘

2つの穴をあけようとした板材

●再度の調査を早急に

さて、一九六三年（昭和38）、わたしは立教大学の大学院に進学、さらに鳥浜貝塚に挑戦することを決めていた。

大学では中川成夫さんの計らいで博物館学講座の副手を兼任させてもらった。博物館学は、その後の研究視野を広げるうえにも、大いに役立つ勉強となった。

鳥浜貝塚では、この年の春から、ポンプ場の工事が進行しており、かなりの遺物が散乱している。前年、調査したAトレンチの南側の工事現場には、見るからに痛々しい情景が広がり、建設作業の力をまざまざとみせていた。工事優先の文化財行政は、今日ではとうてい考えがたいものであった。

鳥浜貝塚の再度の調査をぜひとも、早急にやろうという話が持ち上がった。

●水に悩まされた第二次調査

第二次調査は、一九六三年（昭和38）八月一日から七日の一週間、立教大学単独で実施した。中川成夫さんを調査団長に岡本勇さんの指導で、考古学ゼミナールのメンバーの総勢二〇名が、手弁当によって発掘にあたった。

調査は鯏川の州の部分にC・Dトレンチを、二本設定した。前回の同志社大学Bトレンチの南北に位置するが、いまは川底になっている鯏川の、中央部分にあたっている。

今回も素掘りの調査で、深さ三メートルまで進めたが、やはり湧水には手こずった。毎朝七時に起床して、作業開始前の三〇分間をバケツリレーの排水作業にあてた。

左岸C・Dトレンチでは、前期初頭の遺物が豊富に埋蔵されていることが明らかになった。

つぎに、初めて鯏川右岸にもE・Fトレンチを設けた。右岸は当時、礫層《れきそう》が露出していた。岡本勇さんが川にはいって水びたしになりながら、右岸の礫層から縄文早期を裏づける押型文《おしがたもん》土器片を見つけた。うまくいくと、早期の有機物層の検出を期待できる、とトレンチを設定したのであるが、結果的には激しい湧水のため断念し、押型文土器の層はのちのために残した。

そのかわりE・Fトレンチでは、前期前半の北白川下層I式土器の層の下から、多量の羽島《はじま》下層II式土器の良好な層が顔を出し、土器、石器、骨角器、加工木、自然遺物などが得られた。

●堆積層の季節性に着目

それだけではない。E・Fトレンチの羽島下層II式土器が検出された包含層は、さらに子細にみると、淡水産の貝殻層、魚骨を主体とする魚類の層、クルミ、クリ、ドングリなどを主体とする木の実の層とに、はっきり分離することが観察された。つまり、食料残滓《ざんし》が間層をはさまずに整然と堆積しているのである。これを岡本勇さんが、食料採集の季節的変遷を物語る層序であると、提唱されたのは達見だった。

このとき出土した木製品では、円形に焦がして、穴をあけようと試みた痕跡のある大きな厚い板材が注目された。木工技術のレベルを示す遺物である。

羽島下層II式土器は瀬戸内地方で広く用いられていた土器であるが、鳥浜貝塚から、多量にまとまって出土したのは注目される成果であった。

骨角器もこの土器に伴うものは豪華なカンザシ、ハリなど彫刻の加えられた逸品が出ている。

第一次・二次調査では、大量の杭群が検出された。杭の保存処理方法はまだ知られておらず、杭を残すことはできなかった。

第二節　埋蔵文化財受難のとき

●若狭考古学研究会

一九六六年（昭和41）三月に大学院を修了して郷里の若狭に帰ったわたしは、四月から県立小浜水産高校の社会科の教師として勤務し始めた。

当時の若狭の考古学は、西の高浜町に神野《こうの》小学校の城谷義視《しろたによしみ》さん、その教え子で、内浦中学校の森下譲さん、三方町にやはり城谷義視さんの教え子の上《うえ》野晃《のひかる》さんらが地道な考古学研究に励んでいた。やがて、小浜市の大森宏さんも参加し、そろって当時の福井考古学研究会に所属して活動していた。

そのころはちょうど、一九六四年（昭和39）の東京オリンピックを成功させた高度成長と開発ラッシュで、どこも沸きかえるような時期である。それは逆にいえば、開発ブームの前に、遺跡がかつてない受難の時代を迎えたともいえる。

そんな事実を見聞きするにつけて、将来とも、地元に密着した研究活動の必要性を痛感したわたしたちは、越前中心の福井考古学研究会から別れ、「若狭考古学研究会」を設立した。初代会長には城谷義視さんが就任した。一九六八年（昭和43）四月のことである。

「若狭考古学研究会」発足と符節を合わせるかのように、平穏だった当若狭地方の遺跡群が、相次いで破壊される事件が発生した。

こんな状況のなかで、残念なことに、同学の森下譲さんが二九歳の若さで急逝され、ついで会長の城谷義視さんも三八歳で亡くなった。二人の仲間の早すぎる死は悲しいできごとであったが、残されたわたしたちは、二人の遺志をなんとか継承して実らせたい、とよく話しあったものである。

●県教育委員会が調査主体に

さて、鳥浜貝塚の周辺では、第二次調査から数えて九年目、一九七二年(昭和47)三月には、鰣川左岸の州を削って拡幅する小規模河川改修工事が計画されており、そのための事前の調査が実施されることとなった。それが、三月一八日から四月九日までの春休みを利用した第三次調査である。

ここで初めて、調査は大学の手から離れ、県の教育委員会が調査主体になったのである。

といっても、県の教育委員会が単独で調査できる体制はまだ整っていない。発掘を担当したのは、若狭考古学研究会のメンバーと金沢大学の学生、それにわたしが勤務していた小浜水産高校の生徒ら、総勢二〇名のボランティアである。調査組織はできたが、みんな手弁当。町の公民館を宿舎にした。県教育委員会から支出されたいく分かの調査費は、ほとんど食費にあてられた。

第三次調査の開始に際して、立教大学の岡本勇さん・加藤晋平さんも東京からはるばる激励に駆けつけられ、調査の進め方についての指導をして下さった。

一九七二年(昭和47)四月、この発掘の最中に、高松塚古墳の壁画発見(三月二一日)というビッグなニュースが飛び込んだ。これ以後、空前の考古学ブームとなり、それまでマスコミにあまり取り上げられることのなかった考古学の成果が大きく報道される

県教育委員会が調査主体となった1972年の第3次調査

ようになった。おかげで、一般の遺跡に対する認識を高めるうえで大いに役立ったものだ。

●第三次調査、一万年前に到達

今回の調査も第一次・二次と同じく、川の州の部分を南北に素掘りで、地表から二・五メートルの深さまで垂直に掘る、という危険な方法であった。よくぞ事故を起こさなかったと思う。小雪のちらつく春寒のなかでの調査は厳しく、全員が風邪をひきながらの、苦しい調査であった。

第三次調査でも、縄文時代前期の良好な人工遺物・自然遺物が出土し、これまで注目してきた早期の押型文土器の包含層をはっきりとらえることができた。

そして、早期の層のさらに下に、礫層《れきそう》をはさんで良好な有機物層が確認できた。この層は、縄文時代「草創期《そうそう》」の多縄《たじょうもん》文系土器の段階に属することが明らかとなり、本遺跡の年代が、いまから一万年前の縄文時代のもっとも古い時期に形成されたものであることが明らかにされたのは、予想以上の成果であった。

この多縄文系土器の層から、石鏃や石錘が出土した。加工された木材、有機質自然遺物も多量に検出された。このときの木製品のめぼしいものとしては、前期に属する桜の皮を巻いた丸木弓二点と、大形の黒漆塗りの盆状木製品、完全な形の石斧柄《せきふえ》未製品、各種の杭、編み物断片などがあげられる。

●遺跡保護活動を地元から

一方、調査を進めているうちに、この川の本格的な拡幅工事の計画が徐々に明らかになってきたが、どうも県土木部および町当局には、この遺跡のことなど眼中にないような工事の強行を企図しているらしい。

わたしたちは、地元の上野晃さんを中心に第三次調査の前に、この鳥浜貝塚の重要性を訴えるパンフレットを作成して、鳥浜地区に配付し、調査が始まってからも、鳥浜地区の集会場に地元の有志に集まってもらい、スライドや実物を示して、いかにこの貝塚が、高松塚に劣らぬ大切な遺跡であるかを夜遅くまで語りかける努力を続けた。

●鳥浜貝塚に初の国庫補助

鳥浜貝塚は、今回までの調査を通じて、日本でも最古の仲間にはいる低湿地遺跡であること、木製品や編み物など植物性の遺物の宝庫であること、そのため日本の縄文文化の解明には欠かせない遺跡であることなどが、十分予測できるまでになっていた（若狭考古学研究会「福井県鳥浜貝塚の調査」『考古学ジャーナル』七六号　一九七二）。そして文化庁でも、鳥浜貝塚の重要性に注目して、初めて国庫補助をつけ、ボーリングによる範囲確認調査を行った（一九七三年・昭和48）。

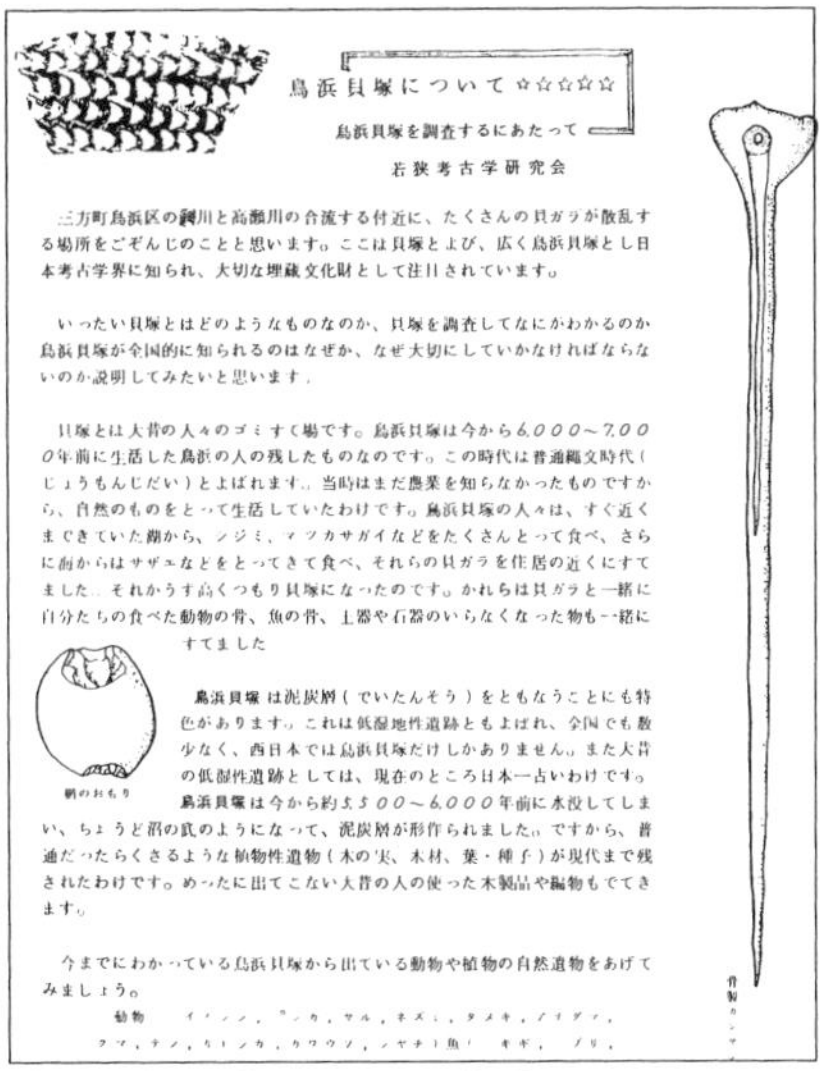

鳥浜貝塚について☆☆☆☆☆

鳥浜貝塚を調査するにあたって

若狭考古学研究会

三方町鳥浜区の鰣川と高瀬川の合流する付近に、たくさんの貝ガラが散乱する場所をごぞんじのことと思います。ここは貝塚とよび、広く鳥浜貝塚とし日本考古学界に知られ、大切な埋蔵文化財として注目されています。

いったい貝塚とはどのようなものなのか、貝塚を調査してなにかわかるのか鳥浜貝塚が全国的に知られるのはなぜか、なぜ大切にしていかなければならないのか説明してみたいと思います。

貝塚とは大昔の人々のゴミすて場です。鳥浜貝塚は今から6,000～7,000年前に生活した鳥浜の人の残したものなのです。この時代は普通縄文時代（じょうもんじだい）とよばれます。当時はまだ農業を知らなかったものですから、自然のものをとって生活していたわけです。鳥浜貝塚の人々は、すぐ近くまできていた湖から、シジミ、マツカサガイなどをたくさんとって食べ、さらに海からはサザエなどをとってきて食べ、それらの貝ガラを住居の近くにすてました。それからうず高くつもり貝塚になったのです。かれらは貝ガラと一緒に自分たちの食べた動物の骨、魚の骨、土器や石器のいらなくなった物も一緒にすてました

網のおもり

鳥浜貝塚は泥炭層（でいたんそう）をともなうことにも特色があります。これは低湿地性遺跡ともよばれ、全国でも数少なく、西日本では鳥浜貝塚だけしかありません。また大昔の低湿性遺跡としては、現在のところ日本一古いわけです。鳥浜貝塚は今から約5500～6000年前に水没してしまい、ちょうど沼の底のようになって、泥炭層が形作られました。ですから、普通だったらくさるような植物性遺物（木の実、木材、葉・種子）が現代まで残されたわけです。めったに出てこない大昔の人の使った木製品や編物もでてきます。

今までにわかっている鳥浜貝塚から出ている動物や植物の自然遺物をあげてみましょう。

動物　イノシシ，シカ，サル，ネズミ，タヌキ，ノウサギ，クマ，テン，カモシカ，カワウソ，シャチ（魚）キギ，ブリ，

骨製カンザシ

遺跡保存を訴えるために作成したパンフレット

貝塚の範囲は、このあとも数回の調査が行われ、本流をはさんで、南北一〇〇メートル、東西半径約六〇メートルの広がりをもっており、右岸の方にも、かなり良好な包含層を残していることがわかった。貝層が消えても、その先に有機物層が大きく広がっていた。

立地からみると、当時は湖水面が椎山《しいやま》丘陵の東端の岸をひたひたと洗っており、縄文人は湖岸から沼沢地に向かって、食料の残滓や日用品の廃棄物を水中に投棄していた。そこは低湿地であったため、投棄物は完全に破壊分解されることなく、今日まで保存されたと考えられるのである。

●県教育委員会にはいる

一九七三年（昭和48）、遺跡破壊の嵐は、若狭地方にも及んでいたが、遺跡保護運動も開発側の一方的な計画に歯止めをかける、という着実な成果をみせ始めていた。そしてこの年はわたしにとっても人生

の転機であった。
鳥浜貝塚では、第三次調査の遺物整理が山積みする一方、破壊寸前の遺跡保護活動は、目を離すすきもない。結局は、本業である小浜水産高校での授業との調整がつかないほど、埋蔵文化財の問題がわたしに降りかかっていた。ちょうど、そこに県の埋蔵文化財を管掌する文化課が、県教育委員会に新設されたのを機会に初代文化課長谷口陸男さんから、県教育委員会にはいって仕事をしないかという誘いがあった。

遺跡の調査区と範囲

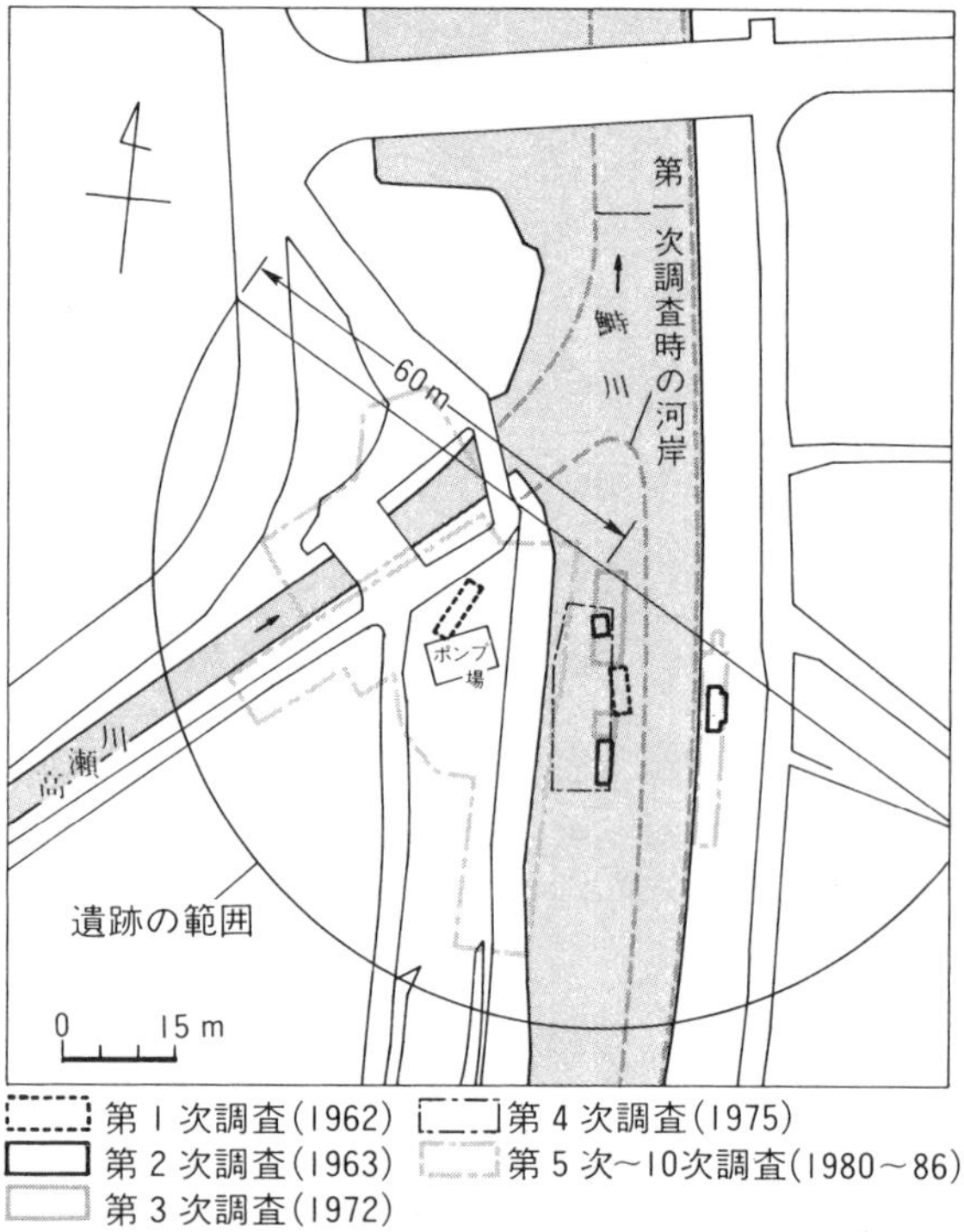

1963年2月　鰣川揚水ポンプ場工事現場。遺跡の中心部は破壊された

わたしはこの話を受けることにした。文化財調査員として若狭地方の埋蔵文化財の調査・保護にあたるのが仕事である。なによりも鳥浜貝塚と太いきずなで結ばれることになる。清水の舞台から飛び降りるほどの覚悟であったが、「挑戦してみたら」という研究会仲間の大森宏さん、上野晃さんの温かい激励もあっての決意だった。

以来、ほとんど休日もない激務であり、思えば家族には迷惑のかけっぱなしであったが、われながら水を得た魚の感があった。

すでに、鳥浜貝塚付近の鰣川と支流の高瀬川の大規模な改修計画が近づいていることが肌に感じられていた。正直いって、鳥浜貝塚の死に水を取ってやることになるのだ。そのために周到な調査をはなむけにしてやろうという思いである。そこに自分の人生をかけてみる決心はついていた。もちろん、若狭考古学研究会の仲間の協力が、大きな後ろ盾であることを信じての行動でもあった。ライフワークという言葉をかみしめた。

この年、鳥浜貝塚は範囲確認調査が行われるという記念すべき年だったが、わたしにとっても、これが県教育委員会にはいって最初の仕事となったのである。

こうして、順調な発掘調査へと環境は整ったかにみえたが、そうは問屋がおろしてくれない深刻な問題にぶつかった。

●深刻なアクシデント

全国的には、高松塚の発見以来、遺跡への関心は高まるきざしをみせていた。しかし県内では、まだまだ、北陸自動車道路建設の予定路線にある遺跡の保存問題などで、福井考古学研究会と県との間に激しい論争を展開していたし、行政内部にあっても、埋蔵文化財に対する認識には大きな断層があってとかく不協和音をきしませていた。開発の足を引っ張る厄介者というわけである。地元の保存熱も、十分高まっていたとはいえない状況だった。

一九七四年（昭和49）六月、そのアクシデントは起きた。開発する側と文化財を守る側の矛盾を如実に現した事件だった。文化財保護法の運用の難しさを

年（1974年）10月22日　火曜日　福

鳥浜貝塚破壊問題

工事の即時中止を命令

県教委と意思疎通欠く

問われる土木行政の体質

わが国最古の低湿地遺跡といわれる三方郡三方町鳥浜の鳥浜貝塚を、県敦賀土木事務所が河川改修のため、文化庁の許可を得ないまま発掘していたことに対し、県教委文化課は二十一日、工事を即時中止するよう命じた。文化庁と協議しながら今後の対策を検討するが、文化財にあまりに無関心な県土木行政の体質が問われるとともに、同じ県の組織でありながら「保護」の立場に立つ文化課と「開発」を進める土木事務所や県土木部との間の意思の疎通のなさが改めて浮き彫りにされた。

文化課の説明によると、鳥浜貝塚のような周知の遺跡を発掘するには「文化財保護法」の規定により文化庁に届け出をせねばならない。敦賀土木は同貝塚をはさんで流れる鰣（はす）川を改修するため、ことし三月、文化課へ発掘の届け出を出した。しかし事前調査のための予算がつかなかったので七月、両者が話し合って「調査は

遺跡破壊を伝える当時の新聞

絵にしたような事件でもあった。

この年、鰣川下流延長の小規模河川改修工事が施工されることになった。地元で久しく待望してきた工事である。鳥浜貝塚付近も川の拡幅・護岸工事の計画に入れられていた。

ところが、突然、福井県敦賀土木事務所の監督下にある業者の重機が、鰣川左岸の州の部分にはいり、遺物包含層を削り取ってしまったのだ。貴重な文化財包蔵地であることが、確認されたばかりである。まさかのできごとだ。

「約束がちがう、貝塚が壊されている。県は何をしているのか」

激しい怒りの電話が、若狭教育事務所にはいった。地元鳥浜の上野晃若狭考古学研究会会長からであった。わたしは、現地に駆けつけてみて、あぜんとさせられた。重機の足元に、真っ白い貝層が露出する無残な光景にショックを受けた。

県の土木行政の、遺跡に対する文化財意識の欠如が招いた傷口だ。「遺跡どころじゃない、洪水から住民の生命を守るのが第一だ」……たかが貝層の一つや二つ、という開発側の論理を振りかざした、意図的な遺跡破壊と取られても弁解の余地はない行為と思われた。

●苦難の遺跡保護活動

この遺跡破壊を最初に気づいた上野晃さんが、地元の鳥浜区民であったのは不幸中の幸いだったが、それだけに、難しい立場に立たされる。

「地元民でありながら、貝塚保存問題を持ち出して改修工事を遅らせるとは何ごとか」

という、地元からの非難、嫌がらせ、圧力が相次

ぐなかでの、勇気ある訴えが続いた。

「もちろん人命は第一だ。だからといって、すぐさま貝塚を壊してもいいという道理になるはずは、断じてない」

と、若狭考古学研究会会長としての立場を貫き、鳥浜貝塚保護を訴え、今回のアクシデントを激しく非難する抗議を県に突きつけた。

この一連の鳥浜貝塚の破壊に対する上野晃さんの抗議行動には、これまでの若狭考古学研究会の粘り強い保護活動で残してきた実績の裏づけがものをいった。地元のマスコミにも大きく取り上げられ、遺跡破壊に対する反省の気運は、確実に高まっていく。

ついに県教育委員会の文化課長も現地を訪れ、「発掘優先のため、責任をもって善処する」と言明した。いかなる工事も埋蔵文化財の調査を優先するという、本来の軌道にのせることを確約して、ひとまず一件は終息した。

こうした上野晃さんの揺るぎない熱意は、県、町、地元住民に、鳥浜貝塚の貴重さを強く印象づけたばかりか、その後の発掘推進に強力な役割を果たし、大規模調査の成果につながった功績は大きい。

第三節　自然科学者と共同調査

●初の大規模調査

こうした曲折ののち、再び一方的な遺跡破壊はしないことが確認された。ついで「発掘調査は長期計画を立てて実施、河川改修はこれに基づいて行う」という方針が確立され、第四次調査以後の計画が立てられた。

第四次調査は、一九七五年（昭和50）七月二〇日～一〇月二〇日の三か月かけて実施された。今回は、これまでにない本格的調査である。調査主体も、名実ともに福井県教育委員会となり、現場の作業には若狭教育事務所があたり、調査主任をわたしが引き受けた。

調査区域は、鰣川左岸の州の部分で、ここはやがて本流の川底に消える位置になるが、対象面積約一八四平方メートル（五五・五坪）、岸に近いほうから

自然科学との共同調査の口火を切った京都大学訪問。前列左から池田次郎さん、宮地伝三郎さん、後列左から大森宏さん、上野晃さん、著者

I、II、III区、八×二四メートルを設定した。わずか二八平方メートルの二本のトレンチで始めた第一次調査と比べれば、六・六倍、これまでの最大の面積となった（一〇次までに一六八一平方メートル）。
また、低湿地遺跡を掘るための新しい試みが模索されたが、今回初めて、六・五メートルの鋼矢板を打ち込んで締め切り工事をし、二四時間稼働の水中ポンプを増設、電動のベルトコンベアで排土するという重装備となった。豊富な遺物の検出作業を安定した状況下で進行させるのに大きな力となった。

●学際的共同調査、第一回会議

一方、なにより勇気づけられた嬉しいニュースは、第四次調査で初めて、自然科学各分野の研究者との学際的な共同調査を組むメドがみえてきたことだ。低湿地遺跡を総合科学としてとらえる調査体制に、強力な研究陣のバックアップを得られそうである。

まず、動物骨の鑑定について京都大学理学部自然人類学研究室の宮地伝三郎さんの指導が得られ、同研究室の池田次郎さんの全面的支援を受けることになった。池田さんから大阪市立大学医学部解剖学教室の田中正昭さんを紹介され、第一回の会議は大阪市立大学で開かれた。

池田さんのもとにいた西田正規さん（植物鑑定）、広島大学の安田喜憲さん（花粉分析）、縄文時代植物遺物について詳しい平安博物館の渡辺誠さんという、各分野の最先端の若手学究を紹介され、最初から調査に参画してもらうことになった。

鳥浜貝塚の調査に参加した自然科学分野の研究者（所属は1981年当時）

氏名	分析分野	所属
嶋倉巳三郎	樹種分析	元奈良教育大学
安田　喜憲	花粉分析	広島大学総合科学部
西田　正規	自然遺物分析	筑波大学歴史人類学系
山田　　治	年代測定	京都産業大学理学部
布目　順郎	繊維材質分析	元京都工芸繊維大学
藤井　昭二	軟体動物分析	富山大学教養部
笠原　安夫	植物種実分析	元岡山大学農業生物研究所
粉川　昭平	植物種実分析	大阪市立大学理学部
辻　誠一郎	花粉分析	大阪市立大学理学部
南木　睦彦	植物種実分析	大阪市立大学理学部
能城　修一	樹種分析	大阪市立大学理学部
藤下　典之	メロン仲間の分析	大阪府立大学農学部
松本　　豪	マメ科種子の分析	大阪府立大学農学部
千浦美智子	糞石の分析	国際基督教大学人文科
森脇　　勉	マメ科種子の分析	京都大学農学部
梅本光一郎	マメ科種子の分析	京都薬科大学薬学部
佐々木　章	プラントオパール分析	大分短期大学園芸学科
中野　武登	珪藻分析	広島大学理学部
鈴木　三男	樹種分析	金沢大学教養部
阪口　宏司	古木材分析	東京大学農学部
富樫　一次	昆虫の分析	石川県農業短期大学
茂原　信生	動物骨の分析	独協医科大学第一解剖学教室
大江　文雄	魚骨の分析	愛知教育大学付属高等学校
本郷　一美	魚骨の分析	筑波大学歴史人類学系
町田　　洋	火山灰の分析	東京都立大学理学部
岡田　篤正	地質・地形分析	愛知県立大学一般教育学科
東村　武信	石材産地の分析	京都大学原子炉実験所
藁科　哲男	石材産地の分析	京都大学原子炉実験所
湯浅　浩史	ヒョウタンの分析	進化生物学研究所
邑本　順亮	珪藻分析	高岡市立伏木小学校
小松　　博	真珠の分析	ミキモト真珠博物館

●開放的で、しかも主体的に

調査の途中からも、自然科学分野の大家や若手の研究者が入れ代わり立ち代わり現場を訪れ、調査に参加してくれた。

山田治さんは、この低湿地遺跡には、試料となる木炭や木片が豊富で、放射性炭素による年代測定に最適の条件を備えていることを力説された。事実、時代的にも連続するため、著しい成果があげられた。これ以後、最終の調査まで八〇例に及ぶ年代測定に協力いただくことになった。

また、当時文化庁にいた小林達雄さんは、視察の際、このような遺跡では水洗選別が有効であるとされ、カナダで水洗選別法を学んできた千浦（森井）美智子さんを紹介いただいた。そこで微小な遺物の取り上げを調査課題の一つにあげて、包含層の土を一〇、五、一ミリ目のメッシュ（網）で水洗したが、石鏃・骨角器・土器細片の採集には威力を発揮した。千浦美智子さんにはユニークな糞石《ふんせき》の研究がある（第三章）。

ほかに、木製品の樹種鑑定の権威嶋倉巳三郎さん、貝類の分析については藤井昭二さんらも加わられた。

このように、いろいろな方が参加できるような、門戸を開いた調査体制にしながらも、地元の主体性を失わないようにという、岡本勇さんのアドバイスを、われわれは発掘調査のモットーとした。

この第四次調査がきっかけになったかと思うが、その後、遺跡の発掘現場に、考古学のほか自然科学の分野から大勢の研究者が姿をみせるようになった。考古学史的にも注目されるできごとだろう。

●未知との遭遇

これまでの小規模調査とちがい、出土する遺物が人工遺物・自然遺物とも膨大で、とりわけ木製品や編み物などの植物遺物は多彩をきわめた。

なかでも、縄文文化の象徴ともいうべき「縄」の出土例には感激した。まだ全国的にも希少だったこともあって、一〇月一日、初めて直径一〇ミリぐらいの茶色の縄をみたときは、戦慄が走ったものだ。縄は撚《よ》り方の異なった六種類、二三点が出土した。

二五年、一〇次にわたる調査を振り返ってみても、この第四次調査が種類といい内容的にも、じつに多種多様な、未知なるものとの遭遇を果たした調査であった。石斧柄の完形品、赤色漆塗り櫛《くし》、漆塗りの各種木製容器類と枚挙に暇《いとま》がない。

一方、前述の自然科学者の参加による成果はすぐにもたらされた。

西田正規さんによるヒョウタン、リョクトウといった渡来栽培植物の発見、安田喜憲さんの花粉分析による植生、森林相の変遷といった環境復元、山田治さんによる前期、草創期の年代測定、嶋倉巳三郎さんによる多彩な縄文人の木の文化の実態解明などがある。いずれも解明が進むにつれて、縄文人を取り巻いていた自然環境がよみがえり、次々に縄文時代観を塗り替えていくものだった。

●若狭文化財資料室

この第四次調査は、まさに縄文のタイムカプセルを開いてみるという、マスコミを興奮させる話題が尽きなかった。報道もいささか加熱気味と皮肉をいわれたくらい、連日のように全国に報道された。

おかげで、地元の人々の関心をも急速に呼びおこし、前年のアクシデントのとき、上野晃さんが熱心に訴え、主張していた通りだったと評価が高まった。

これまで発掘された膨大な出土遺物は、木造の倉庫に保管していたが、当時の中川平太夫知事の好意で小浜駅から徒歩五分の小浜市内に、とりあえず県の管理する鉄筋二階建ての建物を提供してもらった。

わたしは「若狭文化財資料室」と名づけて、二階の大部分を鳥浜貝塚の資料が展示できるように改造した。じつに大勢の見学者が県内外からだけでなく海外からも訪れるようになった。

やがて、この若狭文化財資料室が礎となって県立の「若狭歴史民俗資料館」が建設されるのである。

中川平太夫知事（右）の視察。遺物は粗末な木造倉庫に収蔵されていた

●膨大な出土遺物

一九七三年（昭和48）一〇月の石油ショックはわたしたちにとって幸いした。というのは、河川改修は予算のメドがつかないということで、無期延期となり、発掘計画も先送りとなったからだ。

そのため、一九七六年から八〇年までの五年間は、大いなる充電期間となった。その間、大規模な発掘作業のあとに続く、調査資料の整理・分析・保存・報告書の作成という、調査後半の仕上げの期間としてもありがたかった。

土器の資料だけでも、トロ箱大コンテナ三〇〇箱の破片は、小片、細片をのぞいて五万五千点にものぼるが、そのなかから六九点の土器が復元できた。

精巧で、バラエティーに富んだ木製品については、

主要遺物出土数量一覧（第５次～第10次調査集計）

遺物名	土製品			石器														骨角器			
器種／時期	土器片錘	有孔円板	不明土製品	石鏃	石槍	石錐	石匙	スクレイパー類	異形石器	玦状耳飾り	石錘	磨り石類	石皿	磨製石斧	打製石斧	砥石	軽石石器	刺突具	骨針	髪飾り	垂れ飾り
草創期・早期	1	—	—	83	—	1	—	22	—	—	120	21	3	5	—	12	—	1	—	—	—
前期	74	26	3	2954	17	262	62	284	23	14	1053	729	197	76	23	88	96	631	6	59	28

遺物名	骨角器				貝製品	木製品										漆製品		繊維製品		自然	
器種／時期	ヘラ状	不明骨角器	牙製品	鹿角製品	貝輪他	石斧柄	弓・尖り棒	小型弓	棒	櫂	丸木舟	容器形	杭	板材	加工木	不明木製品	漆塗木製品	漆塗土器	縄	編み物	ヒョウタン果皮	ヤシの実
草創期・早期	—	—	—	—	—	3	8	—	43	—	—	—	133	78	44	18	—	—	3	—	16	—
前期	49	56	65	277	30	186	196	31	536	66	1	62	269	1074	155	130	77	111	148	28	60	2

二章で述べるが、未成品や板、棒、木片、自然木や枝、樹皮にいたるまで、六〇リットルの水槽に七〇箱、数万点の資料整理に取り組み、木器・加工木、五五二点を選び出して記録・保存していく。

その他の人工遺物には石器類一〇〇〇点、土製品二〇点、骨角器類二〇〇点、自然遺物には魚骨、鳥骨、獣骨などの動物骨や昆虫の羽、木の葉、種子・果皮などのおびただしいものがある。

これら出土遺物のすべてを精選して計測、特徴摘記、観察所見、写真、拓本、実測図作成などの記録、整理作業に要する時間は、いくらあっても足りないほどだ。

●みるみる変色する出土物

鳥浜貝塚が「縄文のタイムカプセル」といわれたのも、低湿地性遺跡であるために、植物性遺物が、目の覚めるような色や形をとどめたまま、出土することが多いからである。しかし、五千年以上、密閉冷蔵されていたので、空気に触れるとすぐに変色する。地層自体が有機物層の鮮やかな褐色から、しだいに暗色となり黒色土となる。

鮮明な青色の昆虫の羽や、黄金色に輝く羽の生き生きした美しさ、それが粘土層のなかから顔を出し、すぐに変色していく瞬間など、「時間よ止まれ」と叫びたくなるような瞬間で、いまも目に焼きついている。

動物の骨もそうだ。明るく光沢のある茶褐色の骨は、黒っぽく変色していき、乾くとひび割れを起こす。糞が化石になった糞石は、ユーモラスな明るい褐色のもとの色で出てくるが、やがて黒化する。土器についたススは、乾くと剥げ落ちる。

木製の柄など、いま使っていた鍬の柄が抜け落ちて埋まったのではないかと思ったほど、色・形状・弾力性を保って出土するのだが、出土したその瞬間から黒化と弾力性の退化が始まる。

●保存と新たな課題

これらの木製品は、還元して漂白・脱色する方法も開発されているが、細かい加工痕が消失する恐れがある。できるだけ速やかに水のなかに入れるしかない。保存用の防腐剤は、奈良国立文化財研究所の沢田正昭さんの指導を受けて効果が安定した。だが、水交換をひんぱんにやりすぎると、木製品の表面の剝落を起こすので、年数回とした。漆についてはお手上げで、時間がたつにつれて剝げ落ちてくる。

縄類・編み物については、泥ごとあげ、そのまま部屋にもって帰り、スポイトで水を含ませ、筆、ピンセットでじっくり処理したのがよかった。泥のまのものは、一年間くらい弾力性を保っていた。

第四節　毎年続いた調査

●地元町民の積極的な参加

河川改修工事に、再開の方向がみえてきた。

一九八〇年（昭和55）、県土木部との五年ぶりの協議の末、発掘調査は当初の三年計画を六年間へと延長する了解を取りつけた。とはいえ、毎年調査の日程には難行が伴うだろう。

地元の三方町の協力はぜひとも欲しい。しかし、

1981年　資料を収集する嶋倉巳三郎さん

1981年　調査中の笠原安夫さん

現実には護岸工事が、また六年先送りになる。それに、前のアクシデントから尾を引く後遺症もあって三方町当局の返事は芳しくないが、理解を求めて重ね重ね調査の協力を依頼するしかなかった。

一方、町民の反応は、このころ、県外の見学者が増加するなかで、すでに一変していた。外からの異常ともいうべき熱烈な鳥浜貝塚への視線を敏感に感じ取り、町民の安全を守る護岸工事と、地域の歴史文化財を発掘・保存するという二つの大事は共存できると理解されたのである。一九八〇年の第五次調査は、雨の多い冷夏のなかで発掘作業が続いたが、地元の方の積極的な参加は、真実、嬉しかった。

●軌道にのった共同調査（第五次）

第五次調査は、一九八〇年（昭和55）七月一一日～一二月二七日の五か月にわたる長期調査となった。そして毎年調査の初回にあたる。

ここでは、前回にみられたアカホヤ、隠岐・三方火山灰が検出されたが、年代の決定に貴重なカギとなるものである。

第五次調査からは、困難な湧き水の処理問題は、まったく安定したものになった。今回は、鋼矢板だけでなく横張と支柱で補強した。発掘のためには好条件ではないが、排水溝を兼ねた深いトレンチは横から層序を観察できるし、海抜下四メートルでも半ば乾燥した状態の発掘区が出現した。

●共同研究の統一テーマ

第五次調査から、事前の打ち合わせのなかで西田正規さんの提案による「生業を中心とした生活の復元」という統一テーマを設定した。

考古学をはじめ動物学、植物学、地理学、地質学、農学、年代学、人類学など、それぞれの分野に固有の調査もこの統一テーマのもとに総合すれば、より多角的に、より精確に、学際的な研究成果があがるだろう。

第五次調査の全体テーマに基づいて、個々の調査方法が設定された。至極当たり前とみえる項目もあるが、多くの研究者による孤立した研究に陥る危険を避けることができる。これも遺跡の特異な性格のためである。

いくつかあげると、

一、食べ残しや動植物の遺体も、人工遺物と同等な価値を認め、自然遺物として取り扱う。

一、食べ残しから各種食料の質や量、季節性、道具との関係などを地層と照らして明らかにする。

一、土器型式と対応する石器の組成を明らかにする。またフレーク・チップ（石片）類もすべて取り上げて、石器加工技術復元の資料とする。

一、遺跡の形成過程の解明。

一、前回検出した火山灰層を確認し、押型文土器と火山灰との関係を明らかにする。

一、草創期から前期に及ぶ連続的な堆積層を検出して、年代測定、花粉分析、木材判定などを行う。

以上のように統一された基準のもとで、すべての分野の調査が融合する。こうして鳥浜貝塚は、世界史の視野でとらえられ、より豊かな縄文時代の世界を復元できるものとなった。

●小さな助っ人

調査の歩み

	発掘年次	調査担当	調　査　成　果
第1次	1962年7月 A,B トレンチ	立教大学 同志社大学	縄文前期の北白川下層式土器群の形式細分化が層序で確認された。 〔杭群，編み物，小型弓〕
第2次	1963年8月 C,D,E,F トレンチ	立教大学	縄文前期羽島下層II式土器の検出・縄文前期の層序に季節の可能性が判明（種子層と魚骨層）。 〔杭群，櫂，オオヤマネコ〕
第3次	1972年 3～4月 A,B,C グリッド	若狭考古学研究会	縄文早期・草創期の低湿地遺跡が下層に残ることを確認し，多縄文系土器とそれに伴う木製品多数検出。 〔桜の皮を巻いた弓，漆塗り盆，石斧柄〕
	1973年	県教育委員会	範囲確認の調査のボーリングを行う。
第4次	1975年 7～10月 75－I,II III区	県教育委員会	初めて調査区を鋼矢板で囲んで調査，自然科学者の参加で学際的調査を開始(ヒョウタン，リョクトウの存在)。 〔赤色漆塗り櫛，石斧柄，糞石，縄，編み物〕
第5次	1980年 7～12月 80R,80L	県教育委員会	「生業活動の復元」という共通の研究テーマ設定，三方火山灰とアカホヤ火山灰層の確認をする。大規模な土の水洗選別を実施。 〔糸のかたまり，エゴマ・シソの種子〕
第6次	1981年 6～11月 81L	県教育委員会	縄文前期のほぼ完全な丸木舟が出土，草創期の多縄文系土器に伴ってヒョウタン果皮出土。 〔真珠，高台付き容器類，ゴボウの種子〕
第7次	1982年 7～11月 82T	県教育委員会	高瀬川右岸で遺跡の表土層からの発掘を実施，三方町郷土資料館および県立若狭歴史民俗資料館オープン。 〔第2丸木舟，木製柄付きヤス，大麻の種子〕
第8次	1983年 7～11月 83T	県教育委員会	縄文時代草創期の爪形文・押圧文系土器に伴う層の確認より年代が古くなる。 〔しゃもじ・木槌状木製品，ヤシの実〕 若狭歴史民俗資料館「鳥浜貝塚83」特別展開催
第9次	1984年 7～12月 84T	県教育委員会	待望の縄文時代前期の竪穴住居跡と貯蔵穴群が検出される。草創期の隆起線文土器の確認。 〔彫刻入りの木製容器類，ベンガラ塗り土器〕
第10次	1985年7月～1986年1月 85L	県教育委員会	本貝塚の最終調査，貝層の中に自然貝層のあることが判明。 〔漆塗り糸，スコップ状木製品，縄類〕 若狭歴史民俗資料館「いま甦る丸木舟」特別展開催，岡本太郎画伯を舟長に迎え第1号丸木舟を復元，三方湖にうかべる。

第五次調査では、小さな助っ人が登場して大活躍した。上野晃さんと地元の若越印刷の橋本隆さんと三人で考案した調査の小道具である。

当時、水にぬれても耐える地図印刷の話を、印刷の橋本さんから聞かされ、即座に、その合成紙（ユポ紙）を遺物の分類ラベル（荷札）や調査カード、調査日誌などに利用することにしたが、現場での作業効率は飛躍的にあがった。最近は、これが相当普及して威力を発揮しているが、当時は画期的なアイデアで、実用新案ものだと三人で笑ったものだった。

●丸木舟出現（第六次）

第六次調査は、調査の進行と若狭歴史民俗資料館の建設と展示構想の策定とが重なり、これまた苛酷な調査であった。

このときは、待望の第一号丸木舟がタイミングよく顔を出し、その丸木舟フィーバーに明け暮れた。資料館の開館のメインとなる目玉の展示品が出たと県当局は喜んだ。トリハマ・パールとよばれた真珠、アンギン（編布）様の編み物、さまざまな木製容器の出土には息をのんだ。ゴボウの種子等もこのときの調査で明らかになってきた。

●若狭歴史民俗資料館（七次）

第七次調査は、若狭歴史民俗資料館の開館準備と並行しての作業で、一九八二年（昭和57）一〇月一日のオープン前後は、発掘作業を中断した。

発掘作業と資料館開館という異質の仕事は、じつにしんどかった。よくぞ体力がもったものだとわれながら感心する。少人数の館職員の苦労も並大抵ではなかった。上野晃さんはこのころ、本業であった運送業を辞めて鳥浜貝塚の調査に専念していた。この人のおかげで、このような芸当ができたのだと思う。

そうしたさなか、第四次から六次調査まで元気な姿で参加しておられた千浦美智子さんが一〇月二日、癌のため三四歳の若さで夭折された。三千点にのぼる糞石を分析するというユニークな研究に挑戦した若き研究者の死は涙なしには語れない（日野原重明『死をどう生きたか』中公新書　一九八三）。

縄文前期の竪穴住居跡が発見された第９次調査

●「鳥浜貝塚83」企画展（第八次）

第八次調査の後半には「鳥浜貝塚83」（一九八三年一〇月八日～一一月六日）の企画展を若狭歴史民俗資料館で開催し、今年度の調査成果の速報展も兼ねた展示をした。

とりわけ考古造形研究所の森山哲和さんによる鳥浜貝塚の垂直な地層断面の切り取りと、水平な貝層面の剝ぎ取りを組み合わせた立体的な展示は好評であった。

●縄文時代の黎明《れいめい》を告げる（第九次）

第九次調査は意外な展開をみせ、遺跡の北方の椎《しい》山《やま》丘陵の麓から、前期の竪穴《たてあな》住居跡三軒とドングリのびっしりと詰まった貯蔵穴群が発見され、トリハマムラの姿がおぼろげながらわかってきた。

これまで、住居跡については予想されながらも、耕作や道路工事などの削平《さくへい》のため、半ば望みうすと思っていただけに大きな成果だった。彫刻のほどこされた前期の木製容器類、丹彩土器の完形品など多彩な遺物も出てきた。

さらに、縄文時代の黎明を告げる草創期の隆起線文土器とそれに伴った斜格子沈線文土器が検出され、鳥浜貝塚遺跡の縄文時代の年代は究極のところまでたどり着いたのである。

●四半世紀の発掘に幕（第一〇次）

本遺跡の最終の第一〇次調査は、一九八五年（昭和

1981年　第１号丸木舟を前にして

60）七月一日～一九八六年（昭和61）一月一八日にかけて実施し、その最後は積雪のなか、極寒の作業で幕をおろした。

調査地区は、一九六二年（昭和37）にAトレンチを入れた地点と、六三年にポンプ場を設置した地点とにかかるところで、85Ｌと名づけた。

今回は、前期の貝層中にヌマガイなどが生息していたこと、つまり廃棄した貝殻層のなかに、生きた貝がもう一度繁殖していた当時の自然貝層の存在が明らかになり、低湿地性の貝塚の意外性を見せつけられた。今回も赤色漆塗りの糸の断片、スコップ状の木製品、縄類などが出てきた。

一方資料館では、元興寺文化財研究所にその保存処理を依頼していた第一号丸木舟が処理を終えて返ってきたのを記念して、企画展「いま甦る丸木舟」を、一〇月一〇日～一一月一〇日に開催した。

翌一九八六年（昭和61）一〇月一日～一一月五日には、四半世紀にわたった鳥浜貝塚の発掘調査が完了したのを記念して、若狭歴史民俗資料館で、「タッチ・ザ・ニホンカイ」というテーマで企画展を実施した。

石川県の真脇《まわき》遺跡や鳥取県の目久美《めぐみ》遺跡など日本海側の東北から九州地方の低湿地遺跡の資料を一堂に集めて、鳥浜貝塚の意味を問い、縄文人の生活の復元を試み、かれらの生活がわたしたちの身近な存在であったことを訴えた。

●藤森栄一賞の受賞

私事にわたって恐縮であるが、一九八三年(昭和58)春、奈良国立文化財研究所所長の坪井清足さんから電話があり、選考委員長をつとめておられる「藤森栄一賞」の候補に、君の名前があがったからお受けせよ、というお言葉であった。

鳥浜貝塚発掘調査完了を記念した特別展「タッチ・ザ・ニホンカイ」のポスター

藤森栄一さんは、信濃にあって地域に根ざした研究を実践され、縄文時代の農耕の存在を具体的に提唱された。縄文人の生活そのものを復元する研究の先頭に立って、日本の考古学を今日までにしてこられた偉大な人である。この先学を讃えた藤森栄一賞に該当するとも思えないが、自分自身ではなく、鳥浜貝塚に賞をもらったと感謝の念をもてという大森宏さん・上野晃さんの言葉に勇気づけられ、身にあまる栄を受けることを決めた。六月五日、長野県考古学会、大沢和夫会長から「第八回藤森栄一賞受賞者として貴殿を選定いたします」という賞状を頂戴した。

その後、夫人からお手紙をお受けした。わざわざ妻にあてられたもので、「長い間苦労があったのでしょうね。たいへんだったでしょう」という、妻を労《ねぎら》う温かいお心配りをいただき、鳥浜貝塚への深い思いに届くものを覚え、二人で恐縮したものだ。

第二章　木の文化の原点

第一節　木製品とその技法

●おびただしい木製品

縄文時代は石器時代ともよばれてきた。そこにはいかにも石や粘土の文化といった印象がある。しかし、鳥浜貝塚からみた縄文時代は、むしろ「木器時代」とよんだほうがふさわしいかもしれない。豊かな水と森林に恵まれ、身近な素材であった木と深く関わり合いながら、木の温もりのなかで成立したのである。このような生活のなかに「木」を生かす伝統は、一万二千年以上も古くから現在まで、連綿と続いてきたといえよう。

一九六二年（昭和37）、第一次調査で鰣川に合流する高瀬川右岸に、初めて設定したAトレンチから、縄文前期の土器とともに出現する膨大な植物遺物に、当時のわたしは、まだ、驚きととまどいを覚えたものだった。縄文遺跡にこのような例はほとんどなかったからだ。その後の調査のたびに、わが国でも類例をみない豊富でバラエティーに富んだ木製品が出土したのである。

たとえば六〇リットルの水槽七〇箱に採集された植物性遺物は、木器が二〇〇点以上、加工木が三〇〇点以上のほか総計数万点にのぼり、全体の八〇パーセントが人工的な加工物であった（第四次）というように、縄文時代に忘れられがちな木との関係がきわめて深かったことの一端を示している。

これらの木製品からみて、縄文時代の木工技術が製材→半製品→完成品→仕上げにいたるまで、想像

第８次調査で見つかったおびただしい木製品の出土状況

以上に洗練されていたことを実証しており、木と石の文化の到達点を示すものであった。

●鳥浜のおもな木製品

木製品のおもなものをあげれば、まず丸木舟。第四節でも述べるが、わが国最古の丸木舟である。漁労・交通・運送の手段として大いに活躍した。舟の櫂は、第一次調査以来、多数出土している。また漁具としてヤスの柄、タモの枠などがあった。

狩りの主役に丸木弓がある。実用の道具として出土量も多く、精巧な装飾をほどこした儀式用としても、大事な役割を果たした。

石斧の柄は、第三節でみるように、世界的にも独自の装着法をもつ大工道具として、鳥浜「木器文化」

を語るには欠かせない傑作である。二〇〇点近く検出している。ほかに木製の工具としてのドリル・発火具の役をする小型弓がある。木槌もあった。

　木鉢、盆、木皿など、盛りつけ用の容器類は、生活用具として、かなりのウェートを占めており、最古の漆文化を伴って出土している。赤色漆塗りの飾り櫛の逸品は注目の的になった。

　これらの具体的に用途が推定されるもののほかに、用途の広い各種の棒や、杭、角材、板類などは、出土量としてはもっとも多い。このほかにも、ヘラの先端が磨り減ったしゃもじ状木製品、丸く焦がして穴をあけようとした厚い板材、木槌、あるいは平城宮跡などで出土する木簡《もっかん》のような形態のへら状木製品、自在鍵のような木製品など、用途や名称の不明な木製品も多く出土している。

●工具と技法

　木を加工するのは石器である。特殊な石器が使われているわけではなく、鳥浜貝塚でも、通常の縄文遺跡において出土する石器となんら変わることはない。

　石器の出土は、石鏃（二九五四点）、石錘（一〇五三点）などの狩猟・漁具が数量では圧倒的に多いが、石の工具をみると、職人でもあるかれらの活動的な日常の仕事ぶりが浮かんでくる。磨製石斧（七六点）、石匙（六二点）、削器《さっき》（二八四点）、石錐（二六二点）、磨《す》り石《いし》（七二九点）、軽石（九六点）、砥石《といし》（八八点）な

木製品製作の技法模式図—1

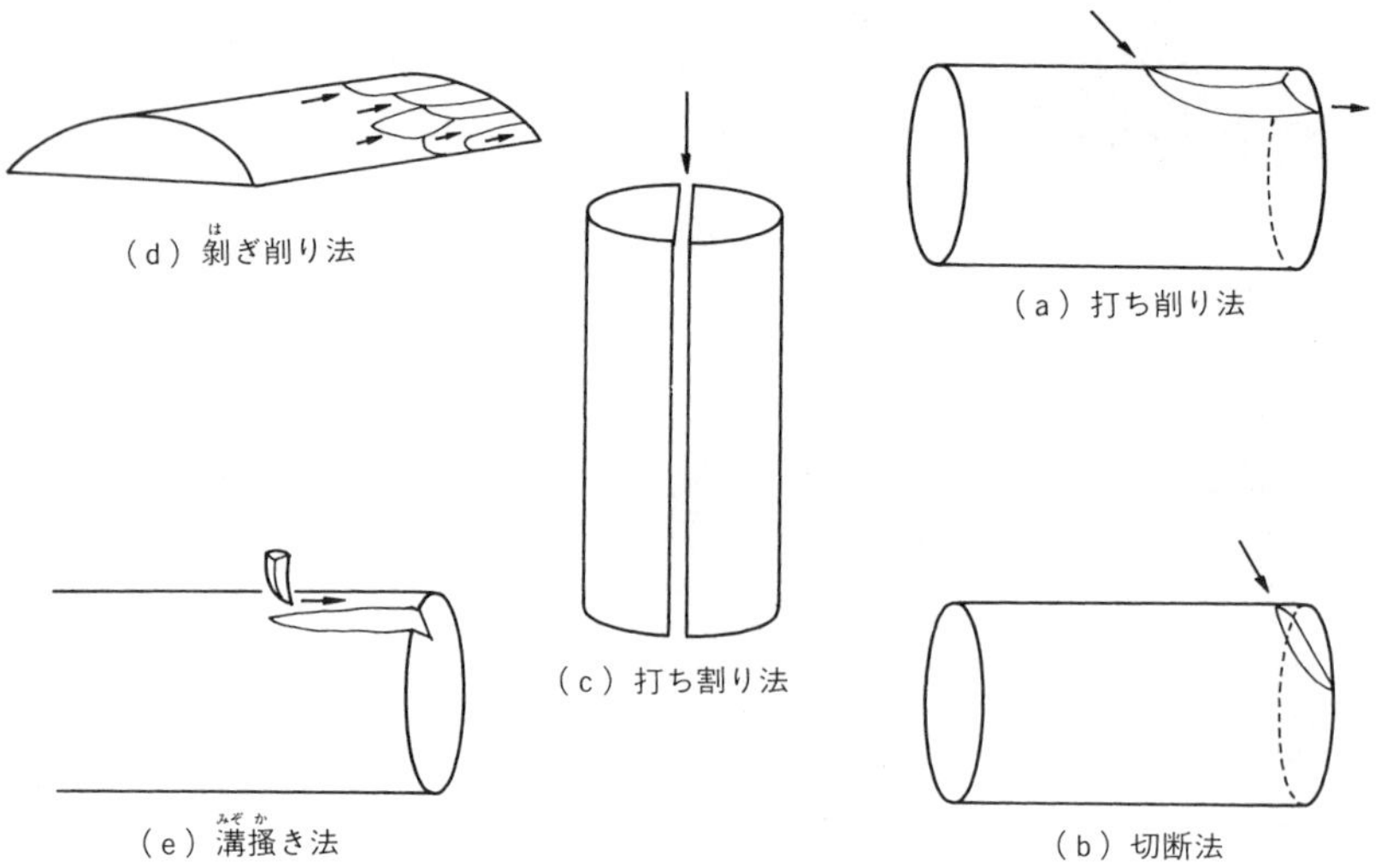

どといった組み合わせである。磨り石は石皿とセットで粉食用にも使われる。

木製品に残された痕跡から、石の工具と重ねてその使用を観察した山田昌久さんは、基本的な一〇通りの加工法を復元した（『鳥浜貝塚』一）。

(a) 打ち削り （磨製石斧で）伐採から製材・加工にいたるまで、多くの過程で観察できる木工の基本的な技法であった。木目に対して平行に打ち削っていく。

(b) 切断 （磨製石斧で）年輪に対してほぼ直角に打撃を加え、切断する。

(c) 打ち割り （磨製石斧で）小口面からナタで割るように木材を分割する。クサビ入れも併用される。

(d) 剝《は》ぎ削り （石匙・削器で）未成品から完成品に仕上げる細部の加工として行われる。削器は、板面を整えたり、削る作業のほか、刻みを入れる、段をつくる、突起をつくる、形を整える、溝を彫るなどさまざまに使用される。

(e) 溝《みぞ》掻《か》き （石匙・削器で）石斧柄のソケット穴の

木製品製作の技法模式図— 2

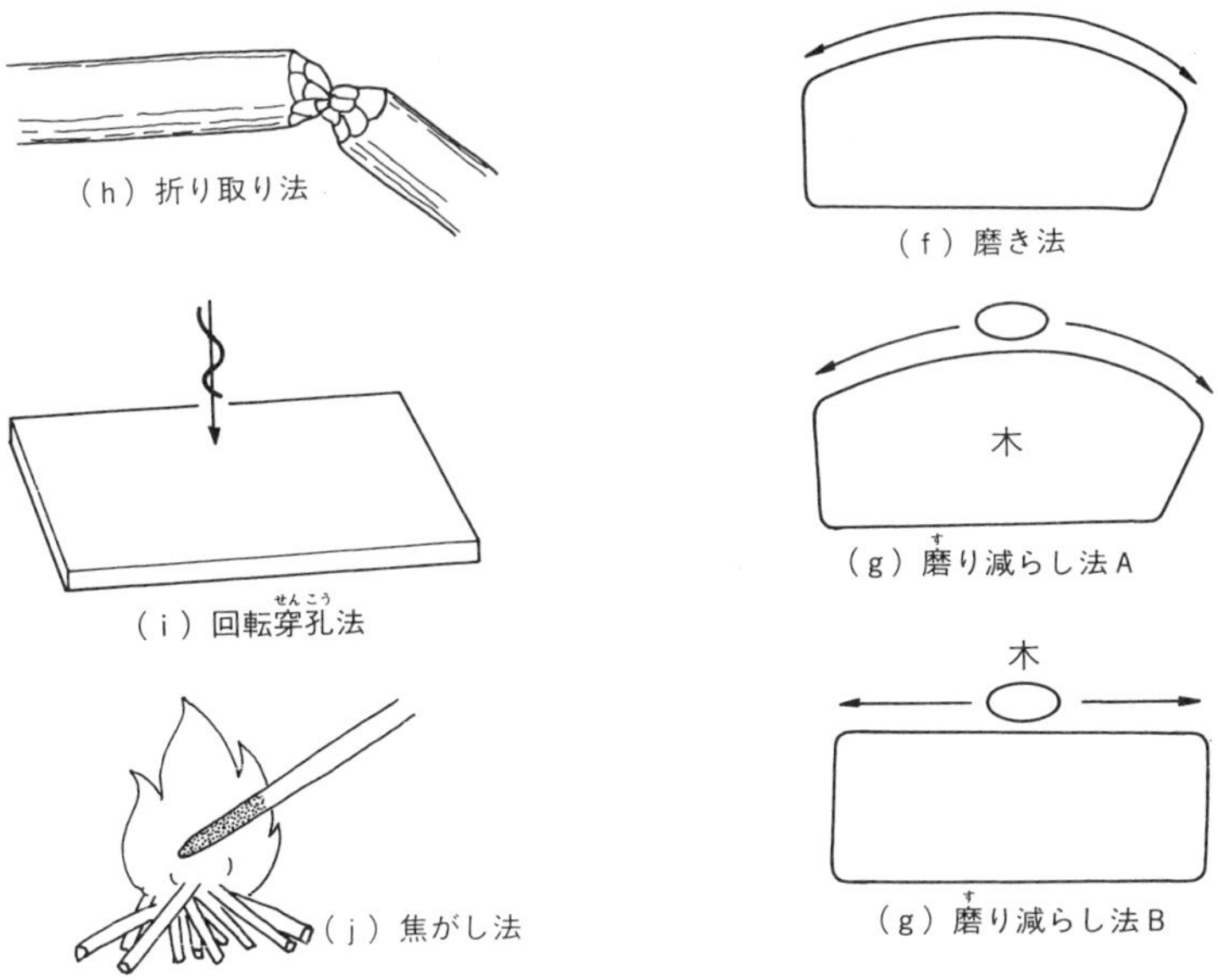

製作などに用いる。

（f）磨《みが》き　（軽石や砂で）完成した木器を磨く。縄文時代の木製品は、かならず磨き上げてあるのが特徴。

（g）磨《す》り減《へ》らし　（軽石で）木製容器などの形を変えるところに主眼がある点、磨き法とは区別される。容器の突起を出す、段をもたせる、弓の握り部位をもちやすく磨り減らすというような整形にも用いられた。

（h）折り取り　（石匙・削器で）削ってから折った形跡が棒などの切断面にかなりみられる。

（i）穿孔《せんこう》　（石錐で）回転させてあけた修理孔などが木製品にもみられる。櫛の歯などは穿孔法と溝掻き法を併用。

（j）焦がし　（火で）石器の工具は、生木には強いが、乾燥材には歯が立たない。焦がし法は加工を容易にする重要な技法。あぶる程度に焦がす。もう一つ、焦がすと木質の強度を高め、使いやすく長持ちする。

このように、実際の資料の観察から、木工の技法が判明した意義は大きい。さらに、出土した木製品の実物面から、これまでにない興味深い事実が判明してきた。

●用材と木工技術

石製の工具の性能を巧みに使うかれらは、樹木の特性についても精通していた。

木の柾目《まさめ》・板目の使い分けをはじめ、木の根元側・梢《こずえ》側あるいは、木の樹芯側と樹皮側の使い分け、同じ木でも、太陽の光を常に受ける側と陰になる側の使い分け、縦に使うか横にするかなど、いかにかれらが木の特性・特徴について熟知していたかがわかってきた。

そして、原木を切り出す時期は、木の生長の止まる冬から春に限られ、いわゆる「冬材」が用材として伐採された。伐採された木はすぐには加工されず原木のまま、あるいは半製品で貯木されたようだ。おそらく水中に水漬けの状態であったのだろう。年間の使用計画さえうかがえる。

では、どんな木工技法を組み合わせて製品をつくっていたか、出土した木製品の観察からわかったことを紹介していきたい。

■製材

原木処理の工具には磨製石斧が一手に活躍する。伐採された段階で、用途ごとに、かなりバラエティーのある丸太材が作製され、そこから分割材や板材を得ていたことは明らかである。板材の幅一〇センチからみて、太さ三〇センチくらいの樹木は、十分、加工可能であった。原材を得るには、まず丸太を小口から半截《はんせつ》し、板材角材など用途に応じて分割材をつくっていくのが基本であった。

【板材】　出土材のなかには二〇〇センチを超える長い板もあり、板材も用途によって多種多様である。

この板材の採取には、木の年輪にそって割る方法(板目板)、木の芯部に向かってミカン割りのようにして割る方法(柾目板)の二種類がある。打ち割りとクサビ入れによって、二センチ厚から五ミリ弱という薄手のものまでつくられた。頭部がかなり破損している比較的大型の磨製石斧などは、クサビとして利

年輪にそった板材のとり方
（板目板）

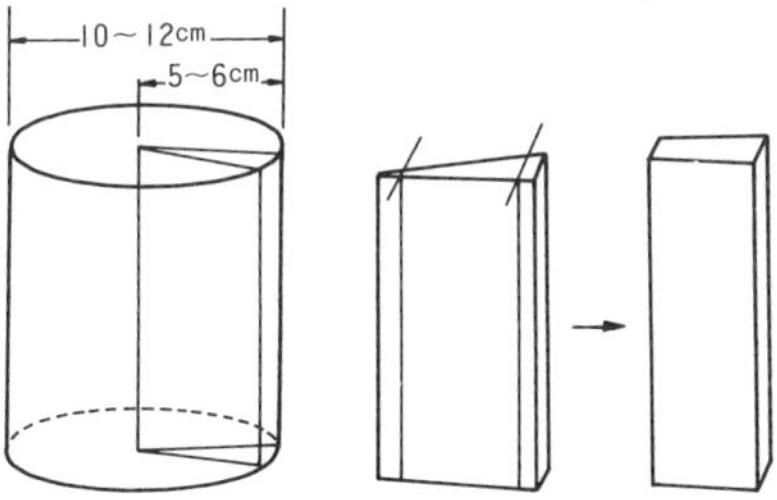

木の芯部に向かった板材のとり方（柾目板）

いろいろな板材

用されたものであろう。

【棒・角材】　枝材を使った棒もあるが、長いものは難しい。三センチ前後の楕円をもつ、長さ一五〇センチを超す細い丸棒が多用されている。これらは分割材から角材と同じ木取りで、丸く磨き出してつくった。

　つぎに、木工技法をおもな製品からみてみよう。

■丸木弓（素木弓）

　鳥浜貝塚出土の縄文前期の丸木弓は、両端の弦をかける弓筈《ゆはず》に特別の加工をしないので、「尖《とが》り棒」との区別が困難であり、何点の丸木弓が検出されたのか実数はつかめない。両端を尖らせたものを丸木弓と判定すると、かなりの量の弓があることになる。

　弓は狩猟用のものと儀式用のものの二種類に分けられる。弓の破損した断面つまり年輪の観察から、この時期の弓は、割り材を削った削り出し弓であることがわかった。弓筈部分は、火に焦がしながら削って尖らせていく方法でつくり出している。石匙や削器で削った跡が明瞭な例がかなりある。

　儀式用の弓は、つくりからして狩猟用の弓とはぜんぜんちがう。削り出し弓であるが、桜の皮を巻いた、いわゆる「樺巻《かばま》き」の弓、赤色漆塗りの弓があり、両方を兼ね備えた「赤色漆塗り樺巻き弓」もある。これらは、弓筈に特色があり、コブ状に削り出したもの、桜の皮を重ねてコブにしたものがある。

■小型弓

弓筈の加工法が、儀式用弓と同じつくりのものに小型弓がある。用途については、発火具、穿孔《せんこう》用弓を想定しているが、樹種は腰の強いイヌガヤに限定

丸木弓とその両端部の拡大（左）

小型弓

大型のスコップ状木製品

されており、枝の節を利用してコブ状の弓筈を石匙などで削り出している。コブの内側に刻みがみられるのも多い。焦がした跡はみられない。

■皿、木鉢など容器類

容器類には盆状のもの、浅鉢状のもの、注ぎ口をもった片口状のものがある。いわゆる「くりもの」であるが、木を輪切りにしてくり抜いていくのではなく、まず木を縦に半分に割って「横木取り」の方法でつくられる。中心より少しずらして芯の部分を避けた木取りがなされている。

つぎに粗削りによって形をつくる。この段階で、石斧も利用する。削器などのナイフ類で、くりかえし焦がしては削っていく手法が取られている。焦がすのは、十分に乾燥させた原材を用いているので、石製の工具では歯が立たないからだ。最後に石で磨り減らしてつるつるに磨き上げる。木皿や木鉢にはていねいに高台がつけられることが多い。

容器類は仕上げたのち、例外なく漆が塗られる。黒と赤の二種類があり、内外面に塗られる。

漆塗りの木製品のなかに、木工技術の頂点をかいま見ることができる。クリ材で「なんともいえぬ漆

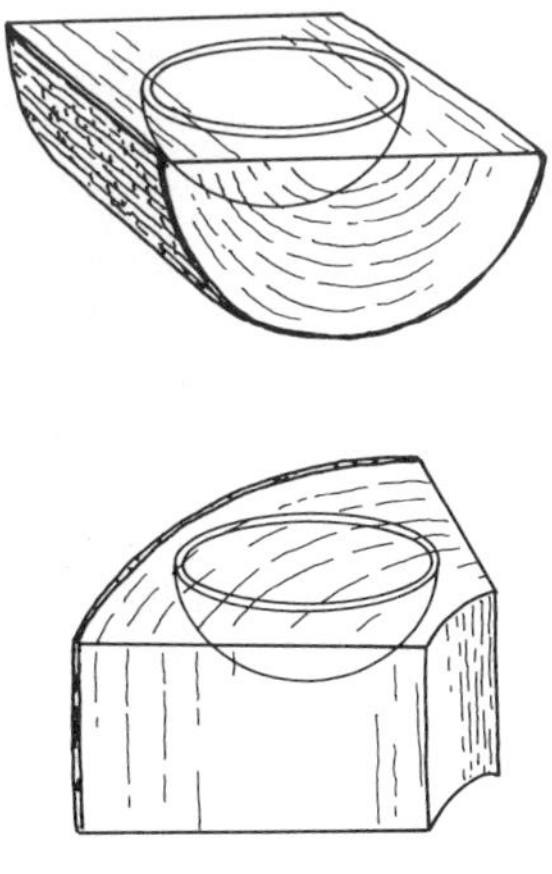

容器の木取り

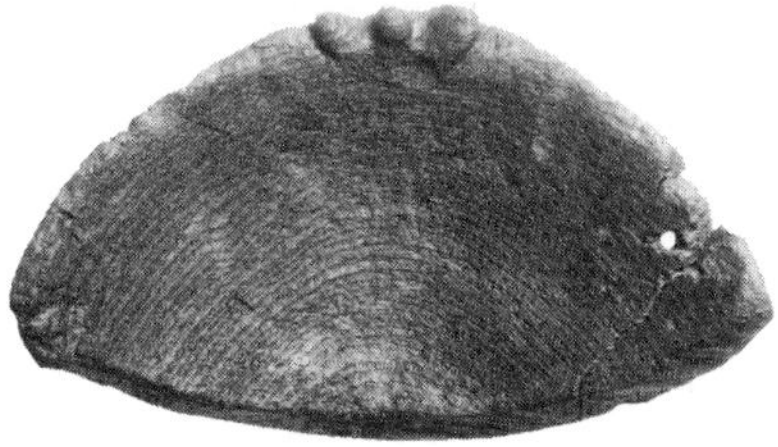

浅い木鉢

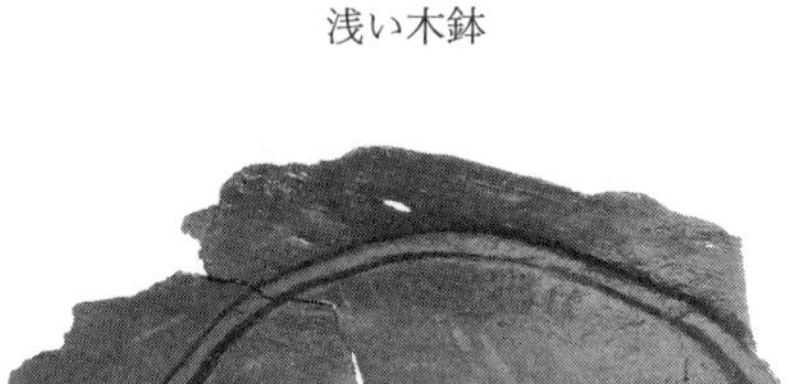

高台のついた木皿

器」と命名した逸品がある。全体の形はわからないのだが、厚さが数ミリと薄く、内部が巧妙にくり抜いてある。石の工具だけで、これほどの細工をみせる手仕事の確かさには驚くばかりだ。

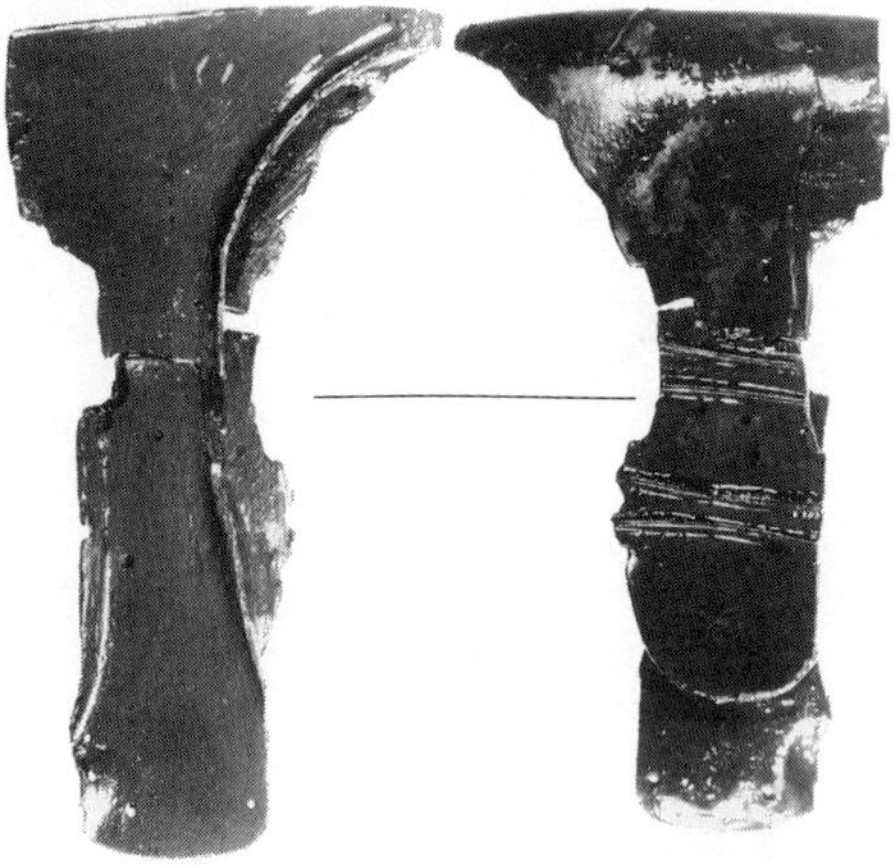

「なんともいえぬ漆器」と名づけられた逸品

■櫛

赤色漆塗りの櫛は九本の歯をもち、木工の高度なテクニックを駆使したものの一つ。入念な細工が必要だが、焦がしたり水に漬けたりできない繊細な作業なので、一木づくりの櫛の歯をつくり出す作業は縄文木工技術の限界に迫るものである。

板目材を使い、木目を利用して歯を作製する。それには石錐で連続して穴をあけていくか、八本の溝を引いて、いく度も線を引くようにして両面から溝を入れて引ききり、歯をつくった。頭部の削りはナイフ状の刃物を使い、磨いて仕上げている。

赤色漆塗り飾り櫛実測図

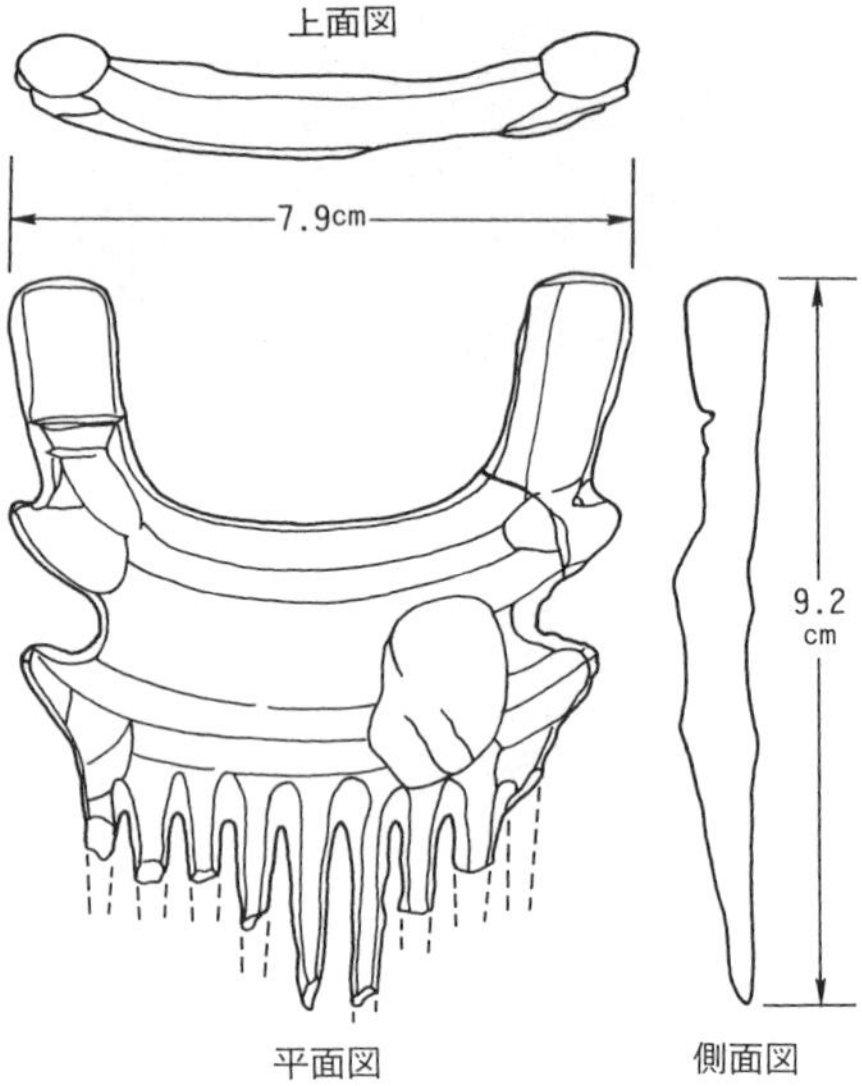

■仕上げ

これまでみたように、木製品の最終的な仕上げには、例外なく「磨く」という手法が使われているのが縄文時代の木製品の顕著な特徴となっている。

磨く際に火にあぶって、焦がしながら磨き上げるという方法は、木製品のつやを増し、耐久性を高めたにちがいない。この知恵は、鉄道線路の枕木や焼き杭などに、現在も生かされている。

磨きの工具としては、よく観察すると、これまで磨り石とよばれていた石器や軽石石器とよぶ一群の道具のなかに、木製品専用の仕上げ用砥石があることが明確にわかってきた。

磨いてあるかどうかによって、完成品・未成品の区別も容易に判明する。たとえば、二〇〇点近く出土した石斧柄のうち、九五パーセントが未成品である。舟の櫂などにもたくさんの未成品がある。

非常に興味深いことに、これらは長い製作工程の段階で半製品としてストックされていたらしい。

この点は第三節「石斧の威力」であらためてみることにする。

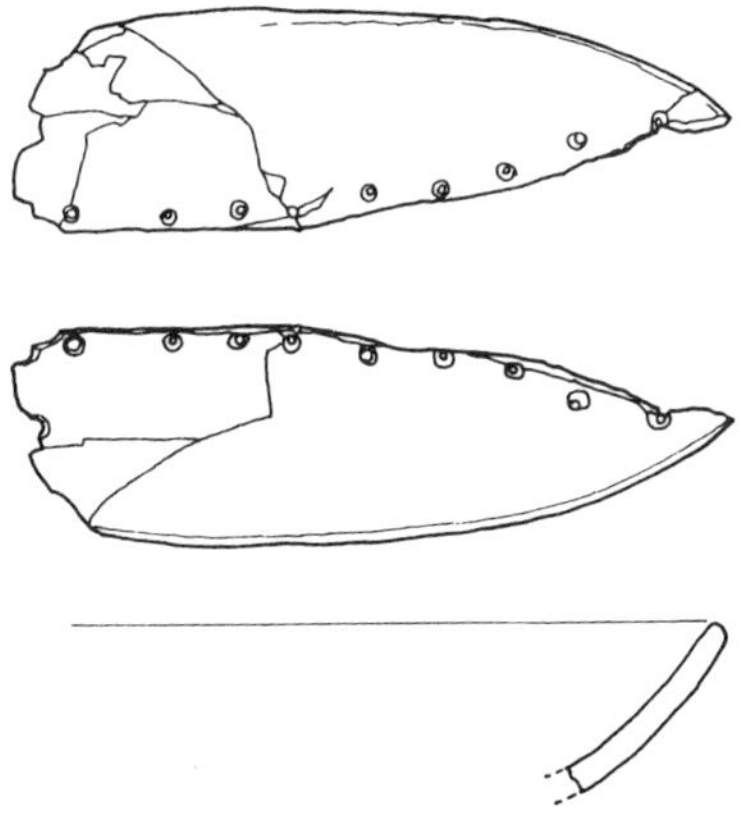

補修用の穴があけられている木製容器
(点々と連なっている丸い部分)

■木器の修繕

製品ではないが、特筆されるものに、壊れた容器を補修した例がある。比較的小型の浅鉢型の容器の口縁部分で、厚みは六ミリ前後あり、表裏ともていねいに磨き上げ、黒漆、さらに赤色漆を全面に塗ってある。これに補修孔が九か所、一・五センチおきのほぼ等間隔に、両面からあけられていた。穴の径は五ミリ前後である。

糸の確認はできなかった。しかし、補修孔には黒漆が厚く塗られているものと、黒漆の剝がれているものとがあり、糸で補修したのちに、漆で補強した可能性の強いことを思わせた。

穴あけ工具としては石錐がある。柄に装着した錐

おもな木製品樹種

( )内は点数

石斧柄	弓	小形弓	棒
スギ (1) ヤナギ (1) クリ (1) シイノキ (3) ユズリハ (18) カエデ類 (1) ヤブツバキ (7) サカキ (9) ミズキ (1) ヤチダモ (1) トネリコ (2) (未定) (1)	ヤナギ (1) クリ (1) カシ類 (15) カマツカ？(2) ユズリハ (2) カエデ類 (1) トネリコ (1) (未定) (2)	カヤ (3)	マツ (1) スギ (10) ヤナギ (1) カシ類 (4) コブシ (1) カエデ類 (1) ムクロジ (1) ヤブツバキ (3) サカキ (1) ナツツバキ? (1) トネリコ (2)

尖り棒1	尖り棒2	盆	杭
スギ (1) カシ類 (1) コブシ (1) ヤブツバキ (1)	マツ (5) スギ (3) ヒノキ (1) クリ (1) カシ類 (7) ケヤキ (1) ユズリハ (2) カエデ類 (3) トチノキ (1) ムクロジ (1) ヤブツバキ (3) エゴノキ (2) ヤチダモ (1)	ケヤキ (1) トチノキ (8)	スギ (5) ヒノキ (9) ヤナギ (1) クリ (2) シイノキ (2) カシ類 (1) ケヤキ (1) ヤマグワ (3) フサザクラ (1) アカメガシワ (1) ムクロジ (2) ヤブツバキ (4) カキ？ (1) トネリコ (1)

鉢 形	板	割截材	櫂	その他	枝
タブノキ (1) トチノキ (3)	スギ (25) クリ (1) トチノキ (1) ヤブツバキ (2) ヤチダモ (1)	ケヤキ (2) ムクノキ (1) ヤブツバキ (2) ミズキ (1)	ケヤキ (3)	モミ (2) スギ (2) ヒノキ (2) コブシ (1) マユミ (1) トチノキ (2) ムクロジ (1)	カヤ (2) ヒノキ (1) トネリコ (1)

か、小型弓による高速回転の穿孔を想定しているが、骨角器も考えられる。

加えて容器類の補修には、破損面に漆を接着剤として使用した可能性も十分にあると考えている。土器にも同じ穴あけ手法を利用し、紐で結んだ例がある。

●適材適所

さて、一本の樹木について、それぞれの部位を巧みに使い分けたかれらは、多種多様な樹種についてもその特性を見抜き、硬い木、軟らかい木、弾力のある木（粗密）をはじめ、木器の用途にしたがって、その性質にもっとも適した樹種を選んでいたことがわかった。

出土木製品の樹種を調査した嶋倉巳三郎さんは、たいへんに興味深い結果を出されている。

その鑑定は、樹種の判定を肉眼によらず、顕微鏡で細胞組織を観察し、その特徴をとらえるという、じつに綿密で根気のいる作業によって判定されたもので、現物の木製品に対しては、可能な限り影響を及ぼさないよう配慮され、試料を採取するにも、折れたり、割れたりした部位から選び出すなどの苦労をされた。安全カミソリの刃で、一ミリより薄い切片をそぎ取る手際は、まさに名人芸ともいえるものだった。

鑑定結果からいえば、縄文人の樹種の選択、製品との組み合わせは的確そのものであった。鑑定後、嶋倉さんは、かれらがいかに木の特質、特徴を熟知していたかを強調し、「適材適所」という言葉本来の意義は、かれらの世界から生まれたのだと述べて、その眼力の確かさに感嘆し、愛着の深さを熱っぽく語られた。

1962年2月、最初に発見した漆塗り土器片

鳥浜貝塚は、縄文時代のイメージを一新したといわれるが、その最たるものが木製品であり、わけても漆工の存在だろう。縄文文化のディテールをさらにたずねてみよう。

第二節　漆工の始まり

●常識を超えた漆塗りの土器

鳥浜貝塚の漆については、強烈な思い出がいっぱいある。一九六二年（昭和37）の二月に、初めてこの遺跡に遭遇したときの表面採集品のなかにじつは漆塗りの土器も含まれていた。そのうちの一点には、鮮やかなあずき色と黒い線で弧状の文様が描かれていた。

かつて学んでいた縄文土器のイメージとはまったくかけ離れた、いわば常識を超えた土器であった。手に取ったとき、じつのところ捨てる気になっていた。が、なぜかためらわれた。

「待てよ、捨てることはいつでもできる」

と、ぶつぶついいながら採取したことを不思議と記憶している。現場は洪水後の工事中で、現代物が流れ込んでいてもおかしくない状況だった。

ひとまず大学にもって帰り、

「表採品なので現代のものかも知れませんが」

と、この漆塗りの土器を恩師の岡本勇さんにお見せしたところ、これはすばらしいと、冷静な岡本さんがいつになく感嘆の声をあげられた。そして、その漆が何を意味しているかを、熱心に語られた。

「この弧状の文様は、まぎれもなく北白川下層式土器の爪形文のモチーフじゃないか。だからこの土器も前期の土器にちがいない」

当時のわたしは、漆の重要性についてはまだ勉強不足で、この新しい知見には強い印象を受けたことを覚えている。

●赤色漆塗り飾り櫛

縄文時代の古い段階に、漆があったことが知られるようになったのは、最近のことである。

その象徴的な遺物が、一九七五年（昭和50）に出土した「赤色漆塗りの飾り櫛」であった。マスコミにも大きく報道され、縄文時代前期の逸品として注目を集めたものだ。九本の歯をもち、あたかも動物の角をデザインしたような飾り櫛で、もちろん当時日本最古の櫛であった。

八月の暑い日、一緒に掘っていた高校生の男子が発見したものだったが、出土したときの状況は劇的であった。水漬けになって、縄文の原色である鮮やかな真紅の光沢を保ってきた櫛である。掘り出したとき、その真紅の輝きは、空気に触れて酸化し、やがて黒ずんだ赤色に変色していった。五千五百年の歳月が、一瞬のうちにタイム・スリップするのをみる思いであった。

材質は、きわめて緻密でかたいヤブツバキが使用されていることがわかった。鑑定した嶋倉巳三郎さんは、ツバキは「椿姫」や「アンコ椿」などで知られたつやっぽい木ではあるし、本邦最古の櫛にふさわしいポピュラーな材質だと粋な感想を述べられた。

●最初の科学的分析

このとき、この櫛の全面に塗布されている赤い塗料は何であるかが話題になったが、わたしは一九六一年（昭和37）の漆塗り土器片の記憶から、赤い顔料を溶いた漆であることを疑わなかった。

一九七八年（昭和53）、東京国立博物館で「東洋の漆工芸」の特別展が計画され、同館の野口義麿さんから鳥浜貝塚の漆製品の出品依頼があった。

そのとき櫛の出品はできなかったが、野口さんから、櫛の赤い塗料の一部、数ミリの試料でも送ってもらえれば、漆かどうかの分析は可能だとの連絡があり、さっそく東京国立博物館に送った。

当初の野口さんの回答は、漆ではなくベンガラ塗りの製品かもしれないとされたが、わたしとしては、それは納得しがたい旨を申し上げた。それからしばらくして電話をいただき、ベンガラが塗料のベースになっているが、どうやら漆の可能性が出てきたという報せである。そしてついに「本漆」が、使用されていることが明らかにされ、科学的分析による最初の確認をみたのである。

漆器の象徴的な遺物である赤色漆塗り飾り櫛

●縄文の「赤色漆」と命名

当時の多くの考古学者にとって、漆は早くても、縄文時代の終わりの段階に大陸から伝播したというのが定説であった。それだけに、「赤色漆塗り飾り櫛」のほかにも、鳥浜貝塚からは多くの漆製品が出土していたのであるが、「いいかげんな発掘だから、現代物が一緒に出土したのだ」と本気で毒づく人もいて、いまから思えば、ウソのようだ。

その後、鳥浜貝塚の発掘成果は、しだいに考古学の分野以外で数多くの研究者の目にとまり始め、なかでも、東京国立博物館の漆工室長荒川浩和さんの鑑定がなされてから、鳥浜貝塚の漆製品の内容が広く学界に認められるようになった。ちなみに、当初、鳥浜貝塚の櫛を「赤漆《あかうるし》の櫛」とよんでいたが、荒川さんにより「赤漆」は鎌倉時代の漆工の用語になっているので、「赤色漆《せきしょくうるし》」と称したほうが、専門家の誤解を招かない、との指導をいただいた。

一連の調査のなかで、黒漆の存在もわかり、当時の漆工では、赤・黒二種類の色が使用された実態も判明するにいたった。

まさに〝赤と黒の神秘〟ともいうべき漆工技術は今日なら、ファインセラミックス技術に比肩されるような、縄文時代の高度なハイテク（先端技術）として、鳥浜の地に花開いたものといえよう。

●漆の精製技術とエゴマ

漆はウルシノキから採取する樹液である。いったん乾燥して固まると、強力な接着剤になる。また優秀な塗料として熱や酸に強い特性がある。

樹液はウルシノキの幹にキズをつけて採取する。採取したままの樹液は生漆《きうるし》とよばれ、これを精製する。精製には二通りあり、ろ過して不純物を除き、水分を抜く「くろめ」（黒め漆）と、何度もかき混ぜて精製する「なやし」とがある。

この「なやし」の工程にエゴマが使用される。漆にエゴマを混ぜると、粘度を高め、のりがよくなり、乾きが早い。そのエゴマが鳥浜貝塚から検出されていた。

鳥浜貝塚のエゴマの存在は、漆工技術との関連で重要である、と同志社大学の森浩一さんから教えてもらった。平安時代の「延喜式《えんぎしき》」には、漆器製作の際に、漆の樹液とエゴマ油（荏《え》の油《あぶら》）を混合するという記載があり、その混ぜ合わせる割合までが規定されている。

つまり、ウルシノキが一本生えているからといって、漆製品がつくり出されるわけではなく、やはり漆工技術の存在がカギのようである。おそらく、エゴマが鳥浜の地で栽培されていて、樹液の採取から精製、塗りまで一貫した漆工がすでになされていたものと想像している。

●大陸より多彩な漆文化

これまで漆工芸は、栽培植物などとともに、大陸から伝来したものと半ば信じ込まれ、それも縄文時代晩期以後だという。だが、発祥の地は定かではなかった。

鳥浜貝塚とよく比較される、中国の寧波《にんぽう》に近い浙《せっ》江《こう》省の河姆渡《かぼと》遺跡で、「木胎紅漆椀《もくたいべにうるしわん》」が第三層から出土したと報告され、その年代については、放射性炭素による年代測定で、いまから六千五百年くらい前と紹介されている。

鳥浜貝塚の漆製品の古さについては、縄文時代前期の羽島下層II式土器に伴った盆状木製品など七点が知られている。放射性炭素による羽島下層II式土器の層の年代は、約六千年前という結果が出ている。

中国・河姆渡遺跡の第四文化層からは、赤色漆塗りの木筒が検出されており、その年代は、いまから七千五百年前と報告されている。

両者の漆工の内容を比較した場合、器の種類といい、赤色・黒漆の使い方など、鳥浜貝塚のほうが、より多彩で内容の濃い漆文化を築いていたとさえいえるのである。

その後、縄文時代の漆工製品出土地は増加し、縄文時代前期だけでも、千葉県加茂《かも》遺跡、長野県阿久《あきゅう》遺跡、山形県押出《おんだし》遺跡、富山県南太閤山《みなみたいこうやま》I遺跡などで確認されてきた。押出遺跡では、漆の原液の固まりが残存する土器なども出土しており、このことはこの地で漆の諸作業が実施されたことを物語る。南太閤山I遺跡では赤色漆を塗布したヒョウタン果皮の破片が出土したと報告されている。

●鳥浜貝塚の漆製品

鳥浜貝塚の漆製品には、赤色漆の櫛のほかに、楕円形の盆状容器類、木鉢、丸木弓などの木製品がある。

漆製品は木工技術と表裏をなすもので、前節で述べた「なんともいえぬ漆器」などは、石の工具による細工の極致を示した逸品であったが、鳥浜貝塚の漆

漆塗りの盆状容器類

工は、こうした裾野をもつ高い技術水準を背景に生まれたものだ。

デザインの上でも、盆状容器類や木鉢のなかには菱形・舟形などと形態的にも特徴があり、絵画的な装飾に富んだ文様を描いたものがある。のちに述べる、容器としての土器にもよく表れている。

漆を塗った丸木弓については、第一節で述べた。木製品のほか、相当量の漆塗りの土器がある。

漆塗り土器は、その描いている文様も多彩であり、土器の文様よりも、漆の文様は絵画的である。赤と黒の漆で描き分けている三角形、円形、同心円状、渦巻状文様などは、絵筆の存在さえ匂わせるタッチである。

渦巻状の文様のある土器などは、破片ではあるが縄文時代前期の漆工技術が高度な段階にあったことを示す優品である。大型の土器の破片で、赤色漆を全面に塗り、黒漆でもって時計回りの渦巻状の文様を鮮やかに描き出している。この渦巻状の文様は、鳥浜貝塚人が好んで描いた文様のようだ。

珍しい漆の遺物として「赤い糸」とよぶ細い糸がある。糸に赤色漆を塗った細片であるが、別々の地点から二本分みつかっている。みんなが感心したのは、あの泥土のなかからよくぞ細糸の切れ端を発見したものだということだった。糸は直径一・五〜二ミリ内外で、赤色漆が塗られかたくなっている。

この糸は、布目順郎さんにより「アサ」であるという材質の鑑定結果が出された。〝赤い糸〟は、糸で何かを巻きつけて漆塗りにしたものから脱落したものか、単独のものか判明していない。装飾品の一部である可能性が高い。

漆製品の様々な文様

第三節　石斧の威力

●鳥浜タイプの石斧柄

縄文時代の石斧柄の例は、滋賀県大津市の滋賀里遺跡の調査で判明したものが知られている。太い丸太に穴をあけて、そこに磨製石斧を差し込んで固定したものである。そしてこの手法は太型《ふとがた》蛤刃《はまぐりば》の磨製石斧となって弥生時代に引き継がれていった。

鳥浜の石斧の柄は、一九七二年（昭和47）の第三次調査で初めて出土した。未成品であったが、石斧の柄にまちがいないと確信できるものだった。一九七五年（昭和50）の第四次調査では見事な完成品が検出された。

石斧をはじめ、斧については、佐原眞さんの優れた研究がある。（「石斧論―縦斧から横斧へ―」『考古学論集』一九七七）。それによると、斧は二種類に分類できる。マサカリのように斧の刃を柄と平行するように縦に装着したものを「縦斧《たておの》」とよび、鍬のよう

鳥浜タイプといわれる石斧の柄が出土した状況

に刃を柄に直交するように横に装着したものを「横《よこ》斧《おの》」とよぶ。いわゆる手斧《ちょうな》である。縦斧は木の伐採・粗割り用で、横斧は木をえぐり削る加工用になる。

鳥浜貝塚の石斧の柄は完成品・未成品取りまぜて多量に出土しているが、中心になるのは縦斧用である。その未成品らしき台部のなかに、クマノミズキ類の材質のものが二例出土しており、その出土層からみて、縦斧の初原は草創期にさかのぼる可能性がある。横斧も少数であるが、前期に出土例があり、鳥浜貝塚では、両者が縄文前期の古い段階で並存していたようだ。

鳥浜貝塚の縦斧は、縄文時代の古い時期に生み出されていたばかりでなく、この石斧を装着する柄のつくり方は幹と枝を利用するもので、世界的にも珍しいトリハマタイプとよばれる優れものであった。

●石斧柄の製作工程

石斧柄の完成品・未成品を、山田昌久さんと詳しく観察して四つのグループに類別し、そこから推定した製作工程は、基本的に四段階である。

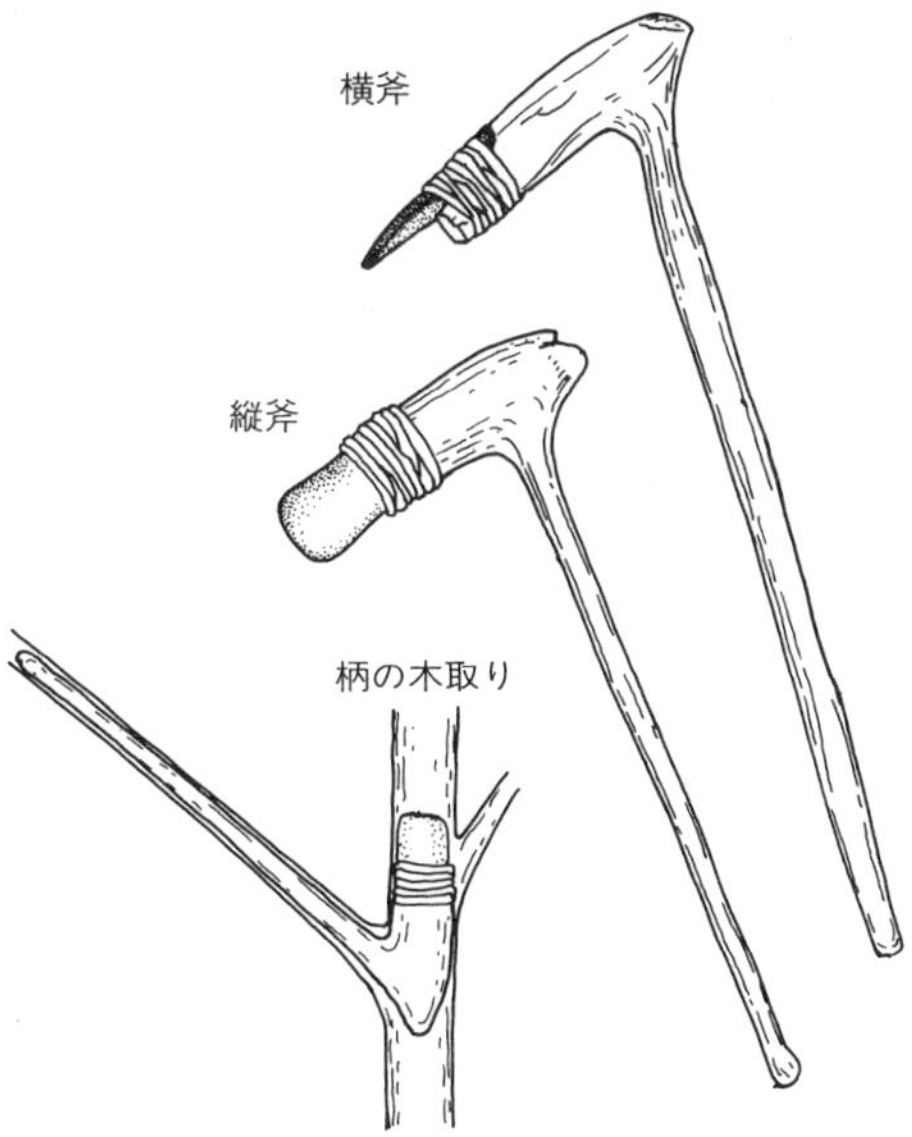

■段階1（原材の切り取り）

石斧柄づくりの眼目は、木の幹と枝のマタを巧みに利用することにある。太さが直径六～一〇センチの幹から、六〇～七〇度の角度で枝が出ているものを探す。幹の部分を石斧柄の台部として利用するため長さ二〇～四〇センチでその両端を切断する。枝が握り部となるため、直径二～三センチの細いものを、長さ七〇～八〇センチで切り取る。この段階で、樹皮が全面に残存するものが出土している。

■段階2（台頭部の荒削り）

台頭部を石斧で荒削りする。枝（握り部）と幹（台部）の兼ね合いから台頭部の片面だけを削るものと両面を削る例がある。

■段階3（台部の形作り）

台部の加工をさらに細かく行う。石匙、削器などのナイフ状の石器で細かく削り、台頭部を尖らせるタイプのものは入念に尖らせたうえ、偏平に仕上げる。ソケット部は先端の切断面を平らに削る。枝の握り部分の先端のグリップエンドをコブ状に仕上げる加工もこの段階ですませる。

■段階4（仕上げ）

ソケット部・固定部の加工が中心で、磨製石斧の斧身を装着するための穴をあける工程である。ソケット部の外側に開口部がある。そこから削り込んで穴をつけるが、奥の方が広い。ついでソケット部に、固定のための段を二段、削り出す。さらに石斧柄全体を火に入れ、とりわけ台部を焦がして入念に磨き上げる。最後に斧身を装着して桜の皮で巻くとしっかり安定する。

左端のソケット部に石斧を装着し、桜の皮を巻いて固定して使用する。これは珍しい横斧の例である

石斧柄の製作工程

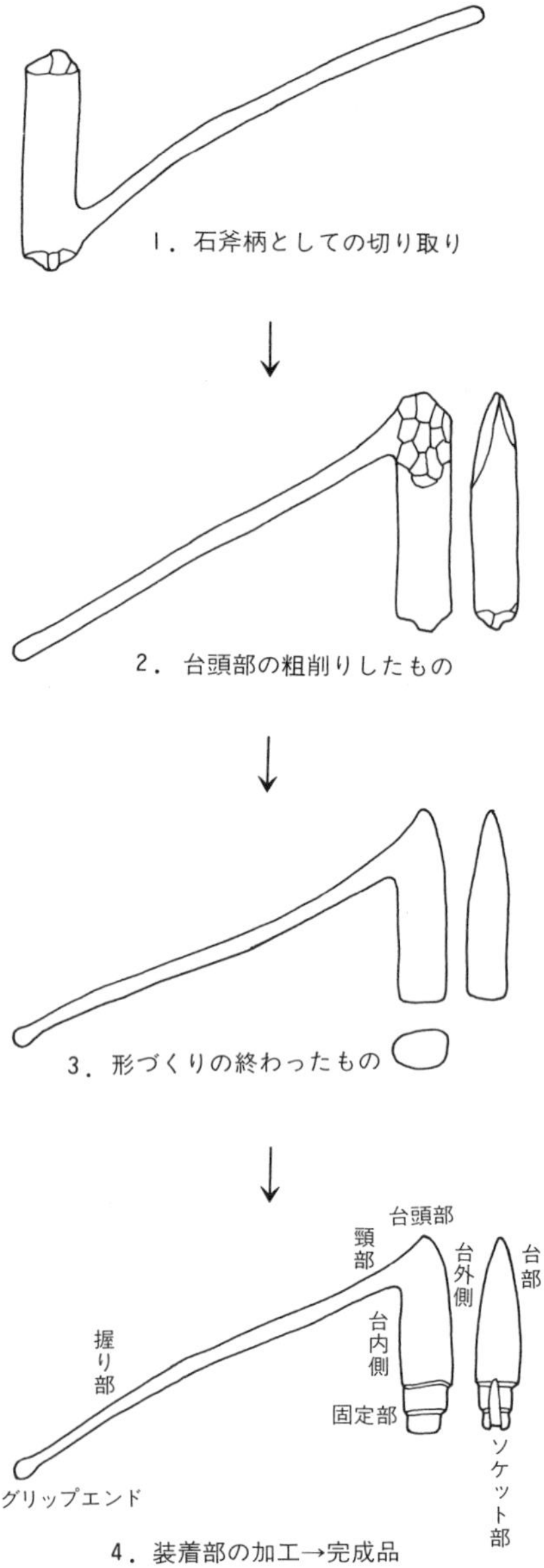

●製作計画と貯木

このように、作業は四段階に分類可能なことが判明したが、特異なのは、石斧柄の未成品が大量に出土する点であった。しかしそれらが失敗作だったから廃棄されたものとはとうてい考えられない。むしろ製作工程の諸段階でつくられた半製品がストックされていたのである。

それには一定期間、水中に漬け、貯木・保存しておく工程もあったと考えられる。

樺巻きの石斧柄と部分

一つには技術面から、ソケット部は細工が複雑で、生木のまま加工すると乾燥による収縮、歪み、ひび割れなどが心配されるため、未成品を一定期間、水中に漬けて、そのあとに乾燥させて仕上げたのではなかろうか。つまり、生木から一気に石斧柄を製作するのではなく、ある段階で貯木したものと理解される。あるいはまた、石製工具には、乾燥した木に対してほとんど加工が不可能という限界があり、それを補うものとして水漬けして柔らかくしておく工程があったのであろうか。

もう一つ、石斧は、労働用具・大工道具としてもっとも基本的な生活の道具であったから、一軒の家には少なくとも大小三本以上が備えつけてある必需品であった。したがって石斧柄の製作に要する複雑な作業と時間の長さは、集落の需要と供給のバランスのうえから、多くの未成品のストックを必要としていたわけである。

また、原材を冬材に限るとすると、あらかじめ一年間の消費量を確保しておかなければならない。柄の製作に時間がかかるから、ある段階までつくっておいて、必要に応じて完成させていったことだろう。

これらの点からも、荒削り段階2の未成品がもっとも多い点は注目されるところである。

●磨製石斧柄の威力

さて、磨製石斧の斧身《おのみ》本体は、打撃に強い、粘りのある蛇紋岩、硬砂岩などの石材を磨き出してつくる。石斧の形は偏平で、その断面は楕円形をしており、石斧の側面頭部は磨かれ、ある程度の稜がある。石斧の重量は三〇〇~五〇〇グラム、長さ一〇~一三センチ、刃幅三~六センチ、厚さ二~三センチの

磨製石斧の斧身

石斧の柄の未完成品

大きさである。縄文前期の石斧としてはごく一般的なものである。

この石斧をトリハマタイプの柄に装着して使用すると、いっそう大きな威力を発揮するところが凄い。磨製石斧そのものは軽いので、三〇センチ前後の柄の台部は、重量を増やすことをめざして大きくつくられている。細身の握りは、よくしなう弾力性に遠心力をもたせて利用すると、現代のハンマーのように有効である。太いものではかえって折れやすくて不都合だった。

石斧の威力をまざまざと示しているもののなかに、大量の杭がある。先端を尖らせるため石斧が使われており、一部、割り材もあるが、ほとんどが丸太材で、直径一五センチの杭もあり、磨製石斧の威力を十分に示している。打撃面三〇を数えるものがあった。

●トリハマタイプ、全国に普及

さて、鳥浜貝塚で、その存在が明らかにされたいわゆるトリハマタイプの石斧柄（縦斧）は、その後、

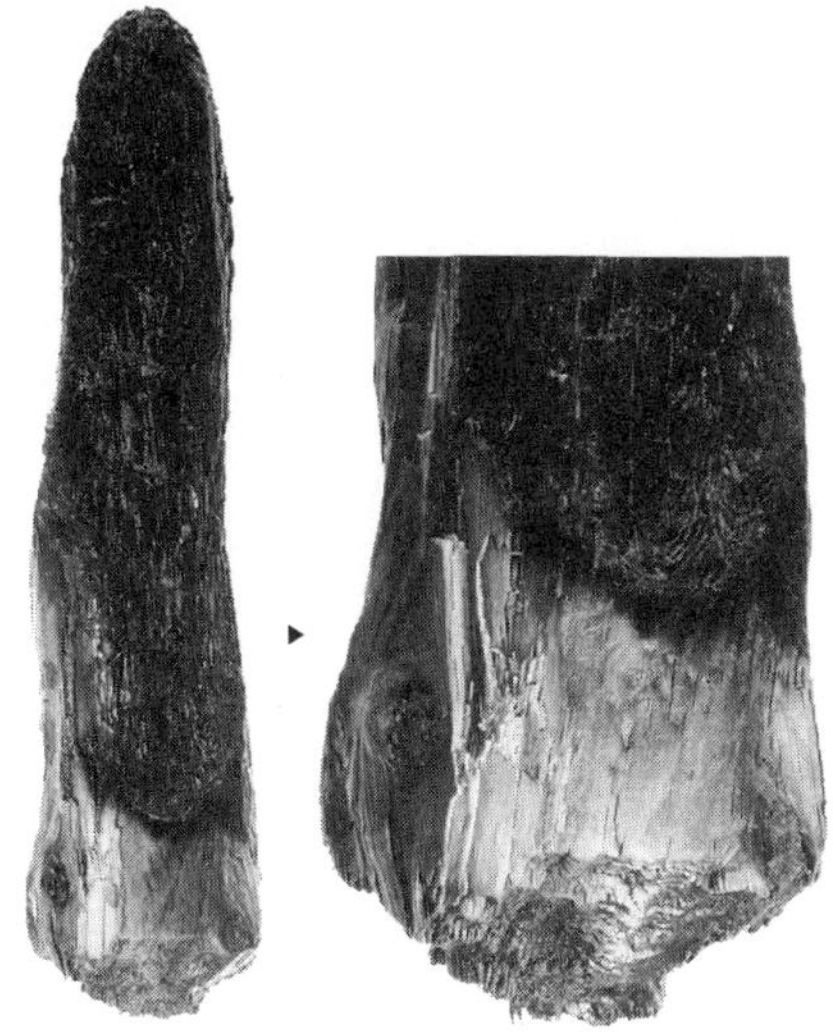

杭とその先端細部

杭先端部の切断面

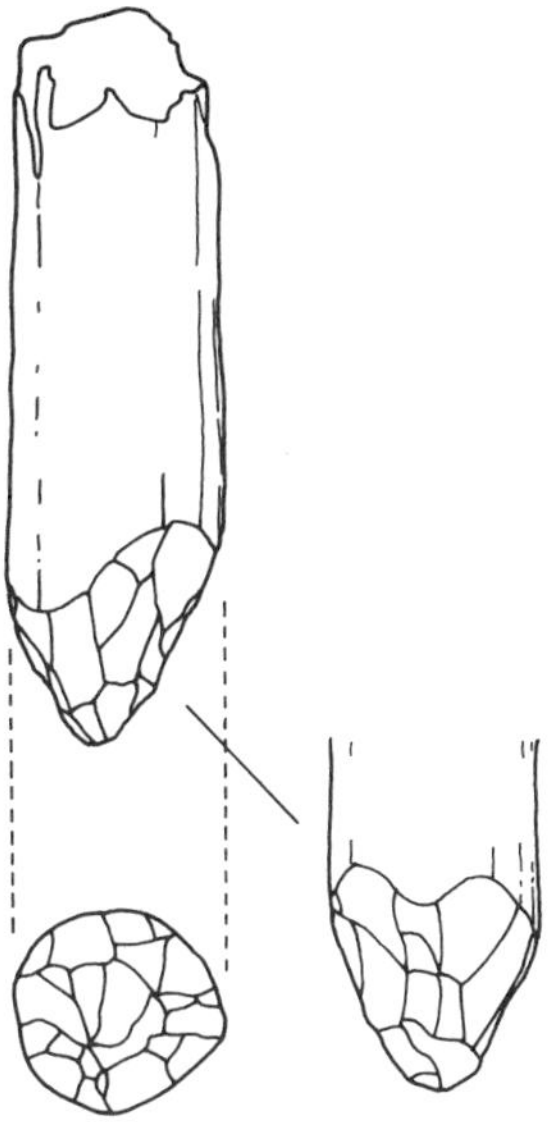

前期に属する未成品が山形県押出《おんだし》遺跡で、中期ないし後期のものが鳥取県桂見《かつらみ》遺跡で検出されている。桂見遺跡の樹種はヤブツバキのようである。そのほかに、各地の遺跡からの出土例も報告されており、どうやら縄文時代の古い段階からこのタイプの石斧柄が、全国的に普及していたことが明らかになっている。

さらに、最近までの調査例では、このように木の幹と枝を巧妙に利用する石斧柄は、縄文時代に改良が加えられて、機能的にも、形態的にも進歩の跡がうかがえるものが、富山県桜町《さくらまち》遺跡(中期)、北海道忍路《おしょろ》土場《どば》遺跡(中期)などで明らかにされた。

●石斧柄の樹種

石斧柄の樹種については、一九七四年(昭和49)の第四次調査で出土した四三点の石斧柄を、嶋倉巳三郎さんが鑑定されている。

ついで、一九八〇年〜八五年(昭和55〜60)に出土した石斧柄、一七一点について、鈴木三男さんらによる鑑定がなされた。嶋倉さんの鑑定結果が補強されて、いっそう興味深い樹種鑑定となっている（鈴木三男・能城修一「鳥浜貝塚出土の石斧柄樹種」『鳥浜貝塚』五）。

この鑑定結果では、石斧柄に利用されている樹種では、ユズリハ属が圧倒的に多く、六二パーセントを占める。ついでヤブツバキ（八・七％）、クマノミズキ類（六・八％）、シイ（六・四％）、サカキ（五・〇％）、カエデ属（三・二％）、トネリコ属（二・三％）、クヌギ（一・八％）などで、やはり強靭で、粘り強い木がよく利用されている。

鈴木さんによれば、もっとも利用の多かったユズリハ属にはユズリハ、ヒメユズリハ、エゾユズリハの二種一変種があるが、このうち変種のエゾユズリハは、生長しても幹の太さはせいぜい径が数センチにしかならないので、石斧柄としての利用は無理だという。したがって、ユズリハ、ヒメユズリハの二種が石斧柄として利用されたということである。

とくに珍重されたユズリハ属の樹種は、材質が、やや重く緻密であるが、材は柔らかく、最近まで、容器のくり物などに利用されてきた。しかし、衝撃の加わる柄などに利用された例はあまり知られていないということである。

それにしても、嶋倉さん、鈴木さんの鑑定でもカシの石斧柄の利用例は出てこなかった。鳥浜貝塚に限れば石斧柄には利用されなかったようである。クリ、シイ、クヌギ類などは利用されているのに、同じくかたく強靭で弾力性に富むカシ類が、弓、櫂、棒などには盛んに使用されながら、石斧柄に限って利用されなかった理由については、「いまのところ不明」である。

第四節　丸木舟の出現

●鳥浜貝塚第一号丸木舟

一九八一年（昭和56）、第六次調査の夏、待望の丸木舟が出土した。これまでにわが国で出土した舟のなかでは最古の舟である。その姿は美しく、舟の構造や製造法の全容が判明した優品として注目された。

予期にたがわず、しかもほぼ完全な形で姿を現したのは、縄文前期中ごろの包含層からであった。第一次調査のとき以来、舟の櫂がいくつもみつかっているのは確かな前触れだった。貝層に打ち込まれた杭群は船着き場の跡らしい。舟の断片と思われる木片が出たときには小躍りした。きっと掘り当てると念じながらの一九年。ようやくそれが姿を現したのである。みんなの汗と泥だらけの笑顔に、丸木舟は、夢と希望のシンボルと映った。

では、鳥浜貝塚第一号丸木舟と名づけられたこの丸木舟を細かく観察してみよう。

じつは出土したときは、あまりの生々しさに圧倒されたというのが率直な感想である。

船尾は、水を締め切る鋼矢板の打ち込みで、ばっさりと切断された痛ましい姿ながら、木の年輪がとくに鮮やかで、保存状況はきわめて良好であった。素人目にも、年輪などからスギの可能性の強いことが当初から類推できた。

船首にむけていくほど、保存状況はいくぶん悪くなる。船首は欠けた状況で出てきた。おそらく衝突したかなにかで、船首が破損し、そのためにこの舟は廃棄されたものと思われた。

船底には、いわゆるフナクイ虫の穴が無数にあいており、長い期間、湖など内水面で使われていたことを物語っていた。

●縄文時代の造船技術

第一号丸木舟から想像される縄文時代の造船技術は、さすがに当時の木工技術の粋を駆使した、いわば、ハイテク技術の成果であると思われる。

この舟をつくるのには、直径一メートル内外のスギの原木を探し出す。製材には、丸太材の中心を外した木取りをしている。外側の樹皮を剥いで、そのまま船底を形成するのではない。さらにもうひと皮剥いで、スギの赤身つまりヤニの多い部分まで外側を削り出して、耐久力に富んだ舟材にしている。

加工の細部をみると、船首、船尾には中心に向かって船底にカーブをつくっている。船尾の先には二本の角のような突起を削り出してあり、そこには明らかに、トモ綱を巻きつけたと想像できる窪みがみられた。船尾付近の深さは現長二一センチであるが、

杭の出土状況

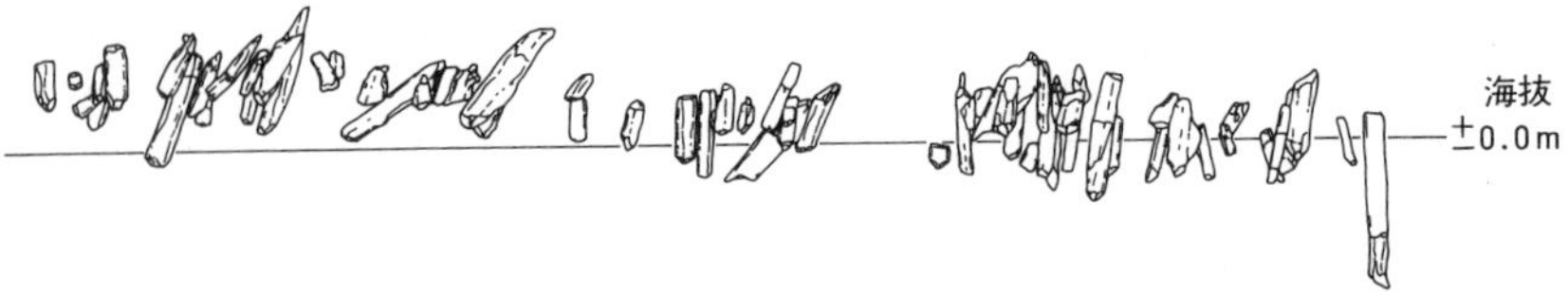

第1号丸木船の出土状況。残念ながら、鋼矢板で切断されていた

第1号丸木舟

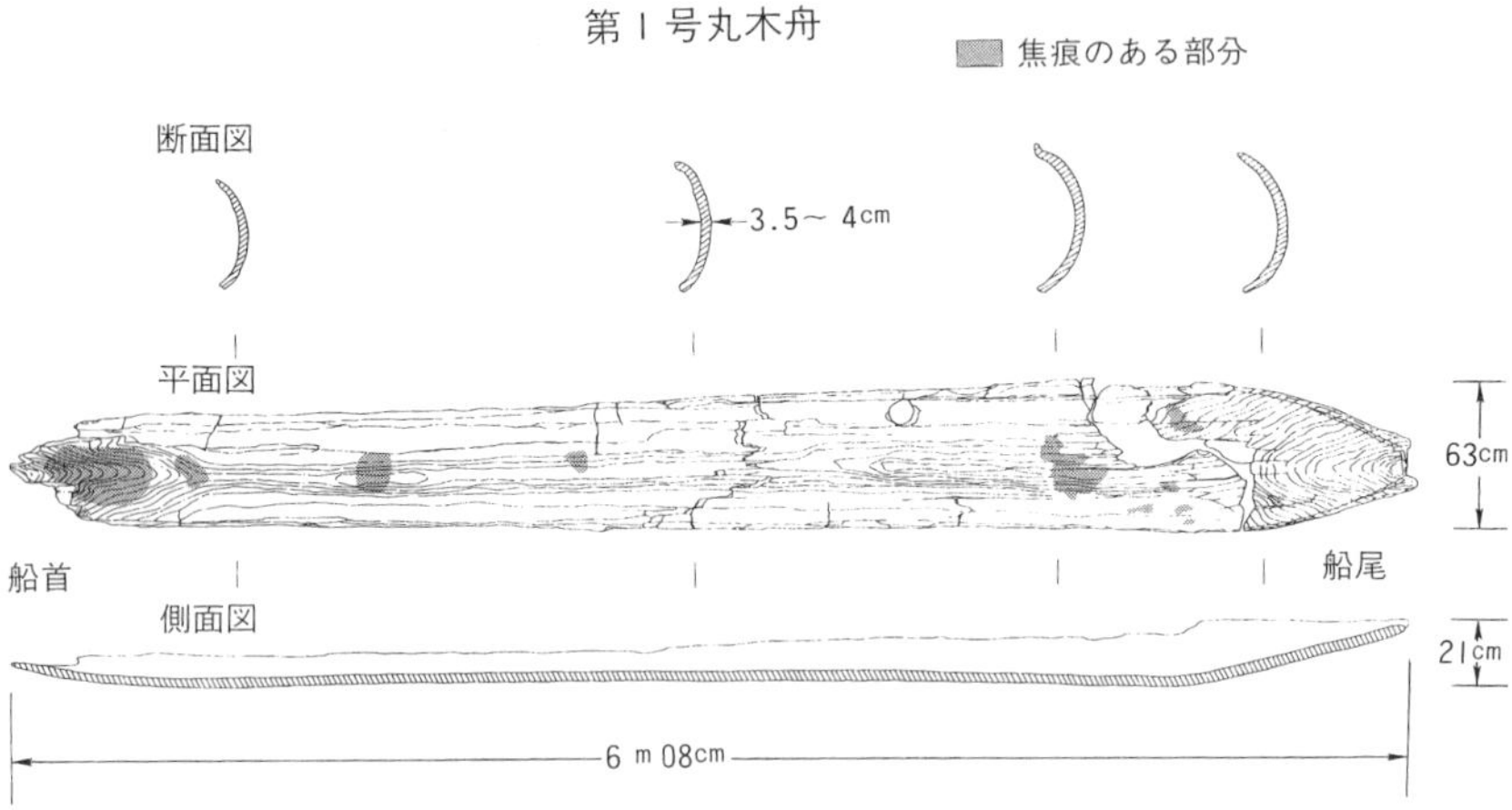

この部分は土圧で曲がっており、もとの深さは二六～三〇センチくらいあったと考えられる。想像以上にスリムな浅い平底の舟である。もとは六・五メートルくらいの舟だったのであろう。

鳥浜貝塚では、丸木舟がもう一隻出土している。こちらは縄文後期の丸木舟で、第二号丸木舟と名づけられ、後述するユリ遺跡の完形の丸木舟と構造的な特徴がよく似ている。

内面の底には「横帯《おうたい》」が二か所に削り出されている。

第1号丸木船の全景

横帯の隆起は、船体を補強したり、積み荷を安定させたり、足をかけて操作するのに都合がよい。技術的に進歩したものといえる。

舟の建造はムラびとの共同作業で進められたと想像される。道具は石斧と火である。

スギの巨木をクサビで半分に割り、外側を船底として、内側をくり抜き、外側を削っていく。このときは、縦斧（マサカリ）と横斧（手斧）の二種類の石斧が使われる。火で焦がしながら削る。舟の内面には、ほぼ等間隔に、四か所の焦げ跡がみられた。船首付近のものは直径三二センチに及ぶ。焦がす工程は製作過程の重要な作業であった。焦がすことによって削りやすくし、木の繊維がより緻密になり、腐蝕を防いで舟の耐久性が増すようだ。

仕上げには、舟全体を磨り石や軽石で、念入りに磨き上げる作業がなされている。

こうしてみると、縄文前期の鳥浜にはすでに、かなり完成度の高い丸木舟が快速舟が就航していたことがうかがわれる。

●櫂《かい》

丸木舟の推進具は櫂である。使用法は、ボートに使うオールというより、カヌーのパドルのように両手であやつり、水をかいて前進させたようだ。

櫂は、七〇点以上出土しており、現在の製品と差がないくらい精巧なできばえである。一五〇センチ前後の長い板を準備し、先端のヘラ部分は平たく、握り部は棒状に、火で焦がして柔らかくしながら、横斧や削器などのナイフ状の石器で削って形を整える。ヘラ部分は幅の広いものと狭いものの二つのタイプがある。櫂の材はケヤキ・ヤマグワなどである。

●ムラの丸木舟

鳥浜貝塚のムラに何隻の丸木舟があったのだろう。ムラの共有物として舟一隻とは考えにくい。漁労活動や狩猟活動のための必需品として、舟は、かれらの財産のなかでは、竪穴式住居につぐ主要な位置を占めていたと考えられるから、一軒につき一隻は所有したであろうか。おそらくムラには数隻の丸木舟があったと考えられる。水辺に杭を打ち込み、板を渡した桟橋を船着き場にもしていたのであろう。

これまでに縄文時代前期の丸木舟の出土は、一九四八年（昭和23）に慶応大学によって調査された千葉県加茂遺跡のムクノキ製の舟が、もっとも早い出土例としてよく知られていた。最近、京都府舞鶴市浦《うら》入《にゅう》遺跡からスギ製の丸木舟が出土した。横須賀市久里浜の伝福寺《でんぷくじ》裏《うら》遺跡のイヌガヤ製の舟、長崎県多良見町の伊木力《いきりき》遺跡、滋賀県彦根市松原内湖《まつばらないこ》遺跡の例などが知られ、今後も出土例は増加するものと思われる。舟材の樹種としては、カヤ・クスノキなどもある。

●丸木舟の湖

鳥浜貝塚のムラから、椎山丘陵に沿って西へ約五〇〇メートルのところに、ユリ遺跡がある。鳥浜貝塚より広大で、全域が調査されたわけではないが、古三方湖（鳥浜湖）の湖畔と考えられる地区から、丸木舟が相次いで、四隻発見された。いずれも丘陵に近い水田や畑地の下約一メートル、海抜約二・六〜一・

パドルに似た櫂の出土状況

杭群の出土状況

ユリ遺跡から出土した丸木船　三方町教育委員会撮影

二メートルの、湖の浅瀬を思わせる場所からの出土だった。

鳥浜貝塚の二隻（前期・後期）とユリ遺跡の四隻（後期・晩期）の丸木舟は、船首、船尾が尖ったいわゆる鰹節《かつおぶし》形であるが、内水面を航行した舟である。隣接するムラ同士、のどかに行き交う湖の往時をしのばせ、さながら縄文の丸木舟ショーの会場に入り込んだような出土であった。

そして舟の材質は、いずれもスギであり、鳥浜貝塚以来、樹種が固定している感じである。鰣川の上流にスギの産地があり、どうやら舟の建造は鰣川の上流で行われたようだ。

鰣川の上流に、スギを主体とした黒田埋没林群集地が掘り起こされた。専門家の研究の結果、温帯の広葉樹や針葉樹などもあり、多彩な内容である。スギの年代についても、放射性炭素年代測定（C14）で、いまから約三千年〜三千五百年前と測定され、縄文時代後期にあたる。

一方、鳥浜貝塚の花粉分析の結果から、周辺の森にスギが急激に繁茂してくるのは、C14の測定で五千九百年くらい前の縄文前期中ごろであることがわかった。スギは弥生時代以後に使われ始めたとみられていたが、縄文前期にさかのぼることがわかったのは画期的な成果であった。

第三章　鳥浜ムラをさぐる

第一節　環境考古学

●花粉からみた鳥浜の植性

一九七五年（昭和50）の第四次調査以来参加した、安田喜憲さんは、花粉分析から、周辺の森林の様相には、いく度かの大きな変化があったことを解明するとともに、森の変化と文化要素の関連を指摘し、縄文文化が、世界の歴史のなかで、どういう位置にあるのかを明らかにした。

安田さんは、日本列島が大陸から孤立したのち、ブナ・ナラ類の森を生育させる、「日本独自の海洋的風土が形成されはじめるとともに出現した最古の土器文化を、海洋的な日本の文明の原点」とみて、縄文時代につちかわれ、熟成された日本人の自然観の伝統が日本文明進展の根幹を形成している、と指摘し、多雨多雪の風土と森の特性を力説している（『世界史のなかの縄文文化』雄山閣　一九七八）。

安田喜憲さんのパワフルな研究は、わが国で「環境考古学」という分野を初めて確立してこられたのである（『環境考古学事始』日本放送出版協会　一九八〇）。

そこで、花粉分析による気候の変遷をたどりながら、併せて、種子分析、自然木の樹種判定、昆虫の判定という角度を変えた四つの調査結果から、鳥浜貝塚の森が、どんな変貌をとげていったかみていこう（『鳥浜貝塚』一　一九七九）。

■**ブナ林の時代**　草創期・早期前半　一万一一八〇〇〜一万二〇〇〇年前

縄文時代草創期の原風景。背後の山はミズナラやブナなどの落葉樹におおわれ、ハンノキやトネリコなどの低木が繁り、湖面にはヒシ、ミズバショウなどの水生植物が浮かぶ

一万二千年前の草創期の人が隆起線文土器を使っていたころの段階では、ブナを中心とする冷温帯の落葉広葉樹林が広がっていた。木の実の採れる木が多いので、食料源になる。この時期のブナの実が大量に出土している。湖畔にハンノキの林が生育し、ミズバショウと考えられるサトイモ科の花粉が多く出た。当時の年平均気温は現在よりも三度前後低く、現在の青森県の年平均気温に相当する冷涼さであったようだ。ブナ・コナラ亜属・オニグルミ属・トチノキ属・ハンノキ属が高い出現率をみせる。

■ナラ、クリ林の時代　早期後半　一万二〇〇〇～六五〇〇年前

早期の押型文土器をつくった人が住んだころは、ブナ林を中心とする冷温帯林は後退し、ナラ類・クリなどの暖温帯落葉広葉樹林の時期にあたる。気候は温暖化し、雨や雪が多くなる。ブナは減少し、スギ属・クマシデ属・ハンノキ属・コナラ亜属が増加する。クリの実が多く検出された。

■照葉樹林の時代　前期前半　六五〇〇～五七〇〇年前

縄文時代前期の原風景。森はアカガシ、スダジイなどの照葉樹林となり、スギなどもみえてくる。湖面にはヒシ、コウホネ、マツモなどが浮かぶ

約六千五百年前、羽島下層II式土器をつくっていた人たちが住んでいたころ。コナラ亜属・クリ属などの暖温帯林が急速に減少、アカガシ亜属・シイノキ属・ツバキ属・モチノキ属などの暖帯の常緑広葉樹が急増し、照葉樹林が拡大してきた。スギ属はますます多くなる。気候は、前時代に比べてはるかに温暖化して、前期の文化が花開く。

■スギの時代　前期後半　五七〇〇年以降

約五千五百年前、貝塚をつくり、北白川下層I・II式をつくり始めたころ、スギ林が旺盛な繁茂をみせ始める。アカガシ亜属・エノキ属・ムクノキ属が減少し、スギ属・モチノキ属が急増してくる。スギは五〇パーセント近い数値を示すようになる。雨の多い気候になったものといっていい。そして現代の鳥浜貝塚周辺の植生であるスダジイ・モチノキの群集は、この時代に基盤がつくられた。人間の居住地に近い貝層のなかから大量の炭片が検出された。

前期で顕著なのは、クワ科のヤマグワ・カジノキ・アサ・カナムグラなどの花粉が増加し、加えて炭片も増加する。安田さんは、前期にはいって増加する

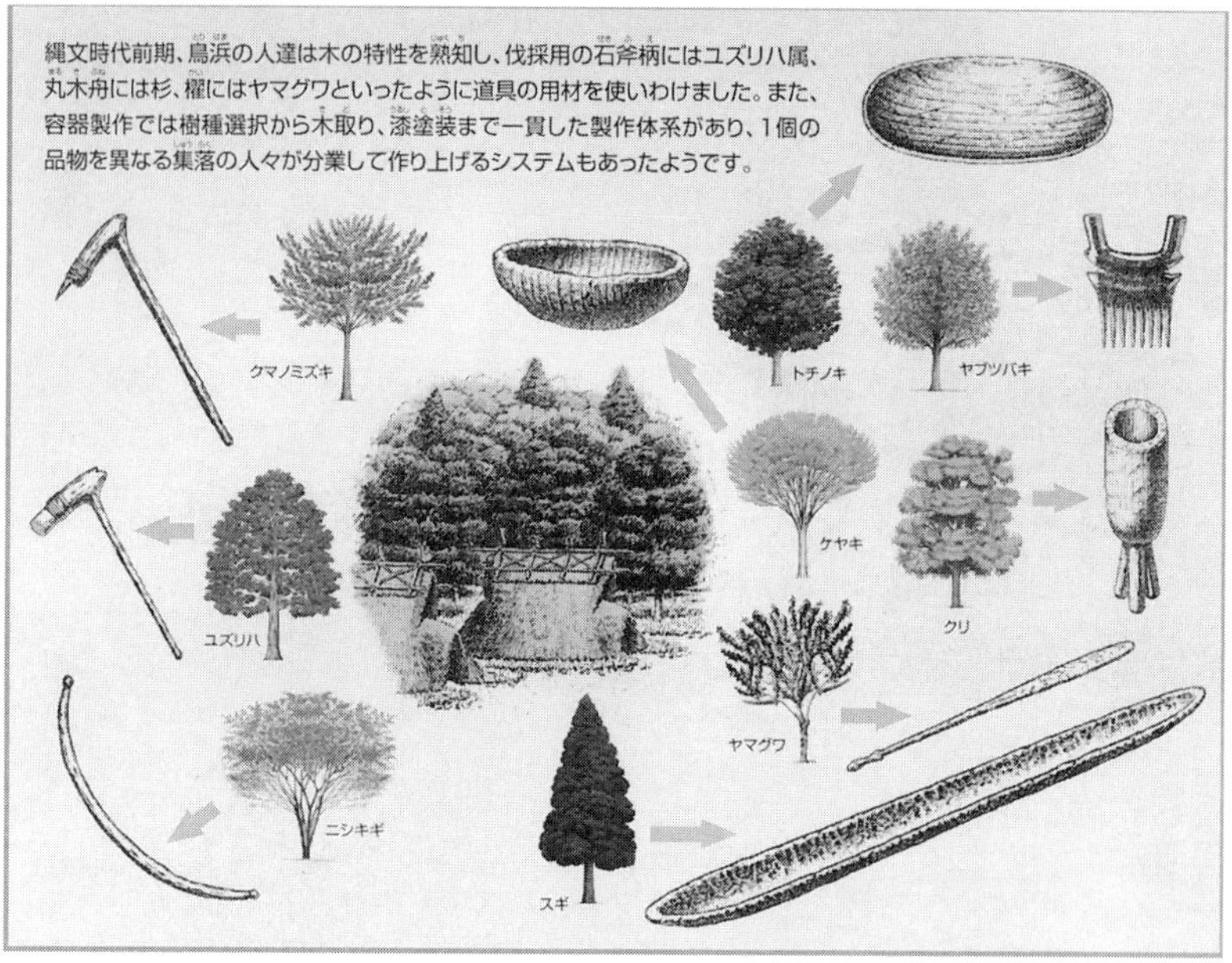

適材適所。鳥浜人の道具と樹種の選択との関連。三方町縄文博物館常設展示図録より

スギ属は、人間の森林破壊による可能性が強いと指摘して、鳥浜貝塚人のカジノキ・ヤマグワ・ヒョウタン・シソ・エゴマなどの植物栽培を想定している。

この前期の段階は、どうやら日本列島の気候がもっとも温暖化したもようだ。鳥浜貝塚周辺でも、年平均気温は現在より二〜三度ほど高かったとされる。おそらく積雪量は現在よりも少なく、冬期はしのぎやすかったはずだ。このような縄文前期の環境のなかで、鳥浜ムラはもっとも栄える時代を迎える。

●種子からみた鳥浜の植生

一方、笠原安夫さんによる種子の分析は、安田さんの分析と興味深い対応を示す（「鳥浜貝塚（第七次発掘）の植物種子の検出と同定―とくにアブラナ類とカジノキおよびコウゾの同定―」『鳥浜貝塚』四　一九八四）。

ブナ林の茂る縄文時代草創期・早期の段階の種子は、トチノキ・オニグルミ・ヒシ・クリ・サルナシ・マタタビ・イヌザンショウ・ナラ類が多く検出され、その後、第九次調査（一九八四年）の最下層の草創期の隆起線文土器に伴って大量のブナの実が検出されているのは前にもふれた。

前期に属する種子の出土は、多彩である。

ヒシ・トチノキ・ドングリ類・クリなどの果実や果皮、ニワトコ・イヌザンショウ・ヤマグワ・キイチゴ類・イヌホオズキ・カナムグラ・アカメガシワ・オナモミ・ヤブジラミなどの食用植物、サナエタデ・カヤツリグサなどの人里植物、イバラモ・スゲ類・ホタルイなどの水中植物の種子が検出されている。加えて、シソ・エゴマ・アブラナ科・カジノキ・ゴボウ・アサ・ヒョウタンなどの栽培植物の種子も検出された。

笠原さんが人里植物とされたカナムグラ・サナエタデ・ギシギシなどのタデ科の植物や、カヤツリグサ科・イヌホウズキ・イヌザンショウなどは、木の茂った森のなかに生えることはなく、明るく開けた場所を好む植物である。現在でも住宅の周辺や畑地、道端に見受けられることから、鳥浜ムラも集落の周辺の樹木は伐採され、明るく開けた場所が展開していたと思われる。

●自然木からみた森林の植生

さらに、自然木の樹種の判定、および森林の植生の復元という試みが、鈴木三男さんらによってなされた（熊城修一、鈴木三男「福井県鳥浜貝塚から出土した自然木の樹種と森林植生の復元」『金沢大学日本海域研究所報告』第二二号　一九九〇）。

花粉は風に乗って広がるから、花粉分析は遺跡周辺の広域的な植生を物語る。一方、自然木のほうは、遺跡集落とその近隣の植物利用を反映し、植生の復元や木の利用がよくわかる貴重な分析となっている。検出された三二三二点の自然木が判定されている。

自然木はどんな景観をみせてくれるだろうか。

草創期の隆起線文土器よりもさらに下層で、木材の集積層が検出された。この層の植生は、冷温帯性で、水辺の落葉広葉樹林のトネリコ属とニレ属が中心である。

草創期にはトネリコ属は優先するが、ハンノキ属・クリ・コナラ属・ブナ属・イヌエンジュなどの落葉広葉樹林が広がった。この森林も冷温帯性のものだが、それ以前に比べて少しは温暖になり、木の種類も増加しているようだ。この樹種の取り合わせからみると、「現在の東北地方から北海道にかけての水辺の冷温帯落葉広葉樹林帯のそれとよく一致」すると説明している。

前期の前半は、丘陵上にコナラ属アカガシ亜属・スダジイ・ヤブツバキからなる常緑広葉樹林（照葉樹林）と、水辺にトネリコ属やハンノキ属からなる落葉広葉樹林が広がり、斜面にスギが生えていた。

前期後半は、丘陵上には照葉樹林が存続していたが、コナラ属アカガシ亜属が減少し、伐採した跡などに生えてくる、二次林性の要素が増加したということである。湖岸にヤナギ属・ハンノキ属・トネリコ属の落葉広葉樹林が広がっていた。これらの時期で特徴的なのは、照葉樹林の要素と、スギ・アカマツの共存であるといわれる。

●学際的研究の効果

こうみてくると、安田さんや笠原さんの研究成果と全般的にはよく一致するが、細かく検討を加えると異なる点もみられる。鈴木さんらは、花粉分析・種実の同定・自然木の樹種同定という三つのアプローチによる植生の復元について、「古植生を復元する際に、これら異なる研究手法を同時に適用する必要性を如実に物語っている」と述べ、その有効性を評価している（前掲書）。

鈴木さんらは、安田さんの花粉分析の研究成果と異なる点を、以下のようにいくつかあげている。

1　前期のスギの自然木の出現比率の低いこと。

2　草創期の自然木のトネリコ属が優占しているが、花粉分析ではみられないこと。また花粉分析で認められたシナノキ属は自然木にはないこと。

3　花粉分析で、コナラ亜属・クリが拡大し、ブナ属が減少するとされる照葉樹林の移行期は、自然木の分析では確認できないこと。

4　前期後半の時期にはヤナギ属の自然木が増加するが、花粉分析では認められない。

などである。

笠原さんの種子分析との比較では、

1　自然木では多く認められるトネリコ属の果実が、

鳥浜貝塚で抽出された昆虫

半翅目＜２種＞	
イヌツゲクビレコナジラミ	
アカガシコムネアブラムシ	
鱗翅目	
ガ類＜４種？＞	
鞘翅目＜18種以上＞	
オサムシ類	２種？
ゴミムシ類	６種以上
ハネカクシ類	２種
シデムシ類？	１種
ゲンゴロウ類	２種
イネネクイハムシ	
ガガブタネクイハムシ	
ゾウムシ類	３種
双翅目＜２種＞	
ユスリカ類	
膜翅目＜７種＞	
ナギナタハバチ属	１種
ヒメバチ科	２種
コマユバチ科	２種
オオアリ属	１種
シベリアカタアリ	

出土した昆虫の例

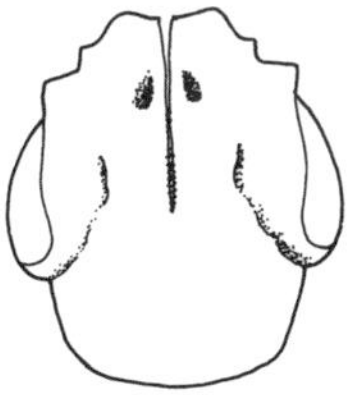
ガガブタネクイハムシの頭部

ヒメバチ科の頭部

オオアリ属の一種の頭部

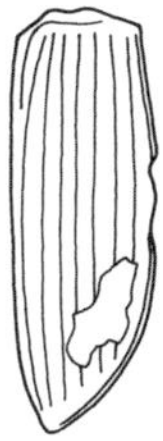
ゴミムシ類の前翅

種子分析ではみられないこと。

2　草創期以降、多数認められたトチノキの果実について、自然木ではほとんど確認されないこと。

3　自然木が少ないことは、遺跡の周辺には生育がなく、その実はよそから持ち込んだ可能性が強いこと。

と指摘している。

●昆虫の語る鳥浜の森

昆虫は、環境変化に対してとても敏感に反応する。そのため、発掘調査にあたっても、より限定された地域的な気候や環境を知る手がかりとして、昆虫分析は重要なものとなっている。

富樫一次さんは、まず、約五千五百年前の縄文時代前期の土の試料から、昆虫の体部、約三〇〇点を検出した（「昆虫の語る自然史」『季刊考古学』第一五号一九八六）。

一覧表のほか、まだ所属不詳のものも多数あり、判定が進めば、まだまだ種類が増加すると思われる。

縄文時代に鳥浜貝塚周辺で多彩な昆虫が飛び交って

いたことが、実際の試料でわかってきたわけだ。

　富樫さんの成果に基づいて、昆虫の語る鳥浜貝塚周辺の当時の環境を紹介したい。

　虫たちには樹木の好みがある。「アカガシコムネアブラムシ」は、とくにアカガシ亜属に寄生する。「イヌツゲクビレコナジラミ」は、もっぱらヤマモモ・エゴノキ・イヌツゲなどに寄生する特色がある。この二種の昆虫の存在から富樫さんは、遺跡の周辺にはアカガシ・シラカシなどの照葉樹林が発達し、その付近に常緑性のイヌツゲ・ヤマモモ・エゴノキなどの生育が考えられるとした。このことは、安田さんの花粉分析などの成果とも一致する。

　「ネクイハムシ類」「ゲンゴロウ類」の成虫、「ユスリカ類」の幼虫などは、水生昆虫類である。すると鳥浜貝塚周辺の水中には、ジュンサイ・ヒツジグサ・コオホネ・ヒルムシロなどの浮葉植物が生育していたことを物語る。これら浮葉植物の種子類もかなりの量で検出されており、水生昆虫の存在と一致をみせる。

●鳥浜貝塚の清掃人

　一方「ハネカクシ類」は川原のゴミのなかなどに生息するようで、これも水辺の生活を語る昆虫といえよう。「ゴミムシ類」もハネカクシ類と同様の環境に生息しているようであるが、なかには山地の森林内に生息するものも多いので、貝塚周辺の山地の存続も示しているといえる。また「シデムシ類」は動物の屍体に集まりエサとするので、ゴミ捨て場である貝塚を物語る昆虫といえる。

　鳥浜貝塚周辺の森林相を物語る昆虫として「ナギナタハバチ類」の成虫の存在がある。ハンノキ類・ヤナギ類・バラ科植物などの花粉を食べ、その幼虫はマツ類の雄花を食べることが知られている。このことからは富樫さんは、鳥浜貝塚周辺は照葉樹林のほかにマツ林があり、ハンノキ類、ヤナギ類も生育しており、さらにバラ科の植物の生育も示していると考察している。

　富樫さんの興味深い分析結果により、このような昆虫が語る五千五百年前の環境が明らかにされてきた。花粉分析や木の樹種の分析、あるいは種子類の分析などと総合的な考察を深めていくと、鳥浜貝塚周辺のミクロな環境をかなり詳細に描くことが可能となるようだ。

第二節　土器型式の変遷

●堆積状況と土器の変遷

鳥浜貝塚の土器の変遷を述べるについて、まず地下の堆積状況をみておこう。

現在の地表から三メートルあまり下までは、縄文時代よりのちの堆積で、結果的には、これがいわばフタになって遺物包含層を守ってきたのである。縄文時代前期の包含層は水中に形成されている。上半部には、有機物を大量に含む貝層群が、下半部は大量の種子をはじめ木材や縄、編み物を混在する有機質土層で構成される。

貝層がつくられるのは、縄文前期の羽島下層II式土器の段階に始まり、北白川下層IIc式土器の段階で終わっている。貝層の主体は、純淡水産のマツカサガイ・イシガイ・ヌマガイなどで占められ、ヤマトシジミ・サザエなどが混じっている。

包含層下半部の豊富に残る有機質に続いて、下部は、大きく傾斜する削平面によって、早期・草創期の堆積層と不整合に接するようだ。この堆積層は椎山丘陵から流れ込んだ砂礫で構成されている。この特色ある不整合な境界面が形成された時期については、火山灰が解答を与えてくれた。

アカホヤとよぶ火山灰は、鹿児島県の鬼界島の火山爆発によって全国に飛散した。いわゆる広域火山灰だが、鳥浜貝塚でもこの不整合面の付近でアカホヤの混在が確認され、このアカホヤ火山灰に、前期初頭のオセンベ系の土器を伴うことが確認された。

椎山丘陵から流れ込んだ砂礫の堆積層である縄文早期・草創期段階の包含層のなかには、早期の条痕《じょうこん》文《もん》系土器から草創期の隆起線文土器まで確認できた。この礫層も水に漬かっていたので、有機質遺物がじつに豊富に残り、木製品、縄も含まれていた。打ち込まれた杭群も検出されている。

縄文草創期の斜格子文土器（復元）。鳥浜貝塚でしかみられない珍しい土器

鳥浜貝塚の南部に限定されるが、早期の押型文土器の包含層には、厚さ約四センチの真っ白い火山灰がみられ、灰層を境に上下二層に分かれている。この火山灰は日本海（東海）に浮かぶ韓国のウルルン島（鬱陵島）の火山の爆発によって飛来した火山灰であることが確認された。そしてこの火山灰は、鑑定に参加した町田洋さんにより三方火山灰と命名された（「鳥浜貝塚で見出された火山灰層」『鳥浜貝塚』二　一九八一）。

●鳥浜貝塚の土器

■草創期の土器　鳥浜貝塚の縄文土器のもっとも古いものは、縄文文化の始まりの土器として知られる隆起線文土器からである。この土器は、口縁部に二条の粘土紐を貼りつけ、その粘土紐に斜めの刻みをほどこしており、丸みを帯びる平底の土器である。きわめて興味深いことに、この隆起線文土器には、斜《なな》格《め》子《こう》文《し》土器と命名した丸底の土器が共伴していることが明らかになった。土器の始まりを告げる時期の、ほかにはまだ類例をみない資料となった。

隆起線文土器の上層に、爪形文・押圧文《おうあつもん》土器の層、その上に多縄文系土器の層と層位的に確認されており、年代測定でも、いまから一万二千年〜一万年前という測定値が出された。

■早期の土器　早期に属する押型文土器、条痕文系土器、早期末の厚手縄文土器などを確認したが、量的には少ない。前に述べたように、押型文土器は三方火山灰層の上下に二層に分かれて出土する。

上層は山形文、楕円文を有する土器で、おそらく細久保《ほそくぼ》式や黄島《きじま》式とよぶ土器と対比する時期と思われる。

下層は格子目文、菱形文、山形文を有する土器で立野《たつの》式、大川《おおご》式、樋沢《ひざわ》式土器に対比される時期と思われる。

■前期の土器　鳥浜貝塚の主体を占める土器である。前期初頭に属する土器としては、いわゆるオセンベ系土器とよばれる東海地方の清水《しみず》の上《うえ》Ⅰ式土器と九州の轟Ｂ式土器とよぶものがある。

鳥浜貝塚の前期の包含層は整然と堆積しており、近畿地方を中心に東西に広く波及している北白川下層式土器の型式を、層序に基づいて設定できたことも、本遺跡の重要な成果の一つである。古い方から羽島下層Ⅱ式→北白川下層Ⅰａ式→北白川下層Ⅰｂ式→北白川下層Ⅱａ式→北白川下層Ⅱｂ式→北白川下層Ⅱｃ式という変遷が確認された。

●北白川下層式の変遷

この一群の北白川下層式とよぶ土器の諸型式をよく観察すると、前半期と後半期に二分することができる。

■前半期　前半期は、土器の内外面の仕上げをサルボウなどの二枚貝によって調整した条痕文と、口縁部と胴部に、刺突文《しとつもん》や爪形文による文様帯をほどこして構成している羽島下層Ⅱ式土器の型式（鳥の羽根のような二連のＤ字形爪形文を施文）から分離して、北白川下層Ⅰａ式（Ｄ字形爪形文を施文）へ、そして北白川下層Ⅰｂ式（Ｃ字形爪形文、連続爪形文を施文）へと変遷している。

■後半期　後半期は、北白川下層Ⅱ式と総称する一群で、口縁部に爪形文や突帯文《とったいもん》をつけて、土器の胴部には縄文をつける。土器を仕上げる内外面の調整は条痕文ではなく擦痕《さっこん》もしくはナデ調整が一般的となる。北白川下層Ⅱａ式（土器の口縁部に連続爪形文を施文）から、北白川下層Ⅱｂ式（土器の口縁部にＣ字形爪形文を施文）と続き、北白川下層Ⅱｃ式（土器の口縁部に粘土紐を貼りつける突帯文を施文）という土器の変遷が層序の上からも確認されている。

この後半期の土器群は、器形の分化も進行し、文

1984年度調査区標準層序と土器型式の変遷

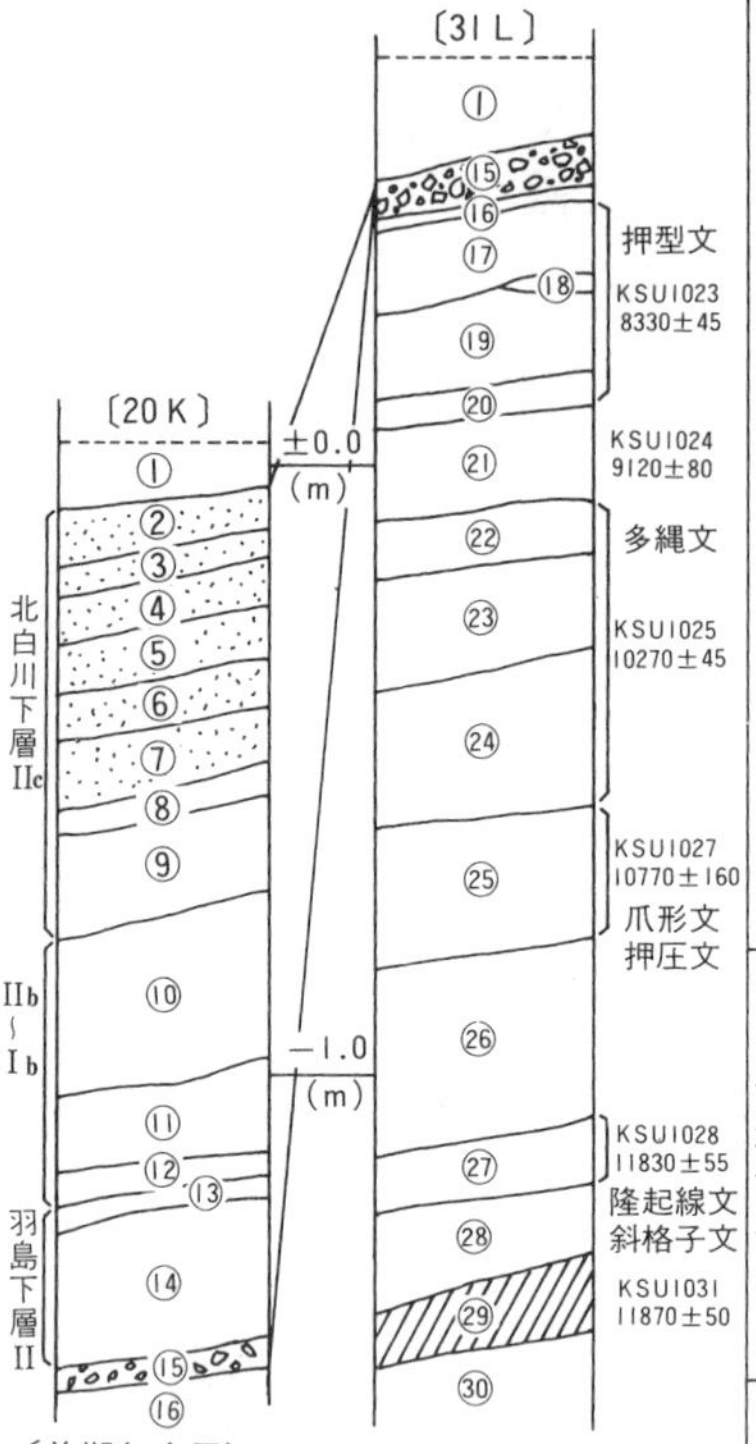

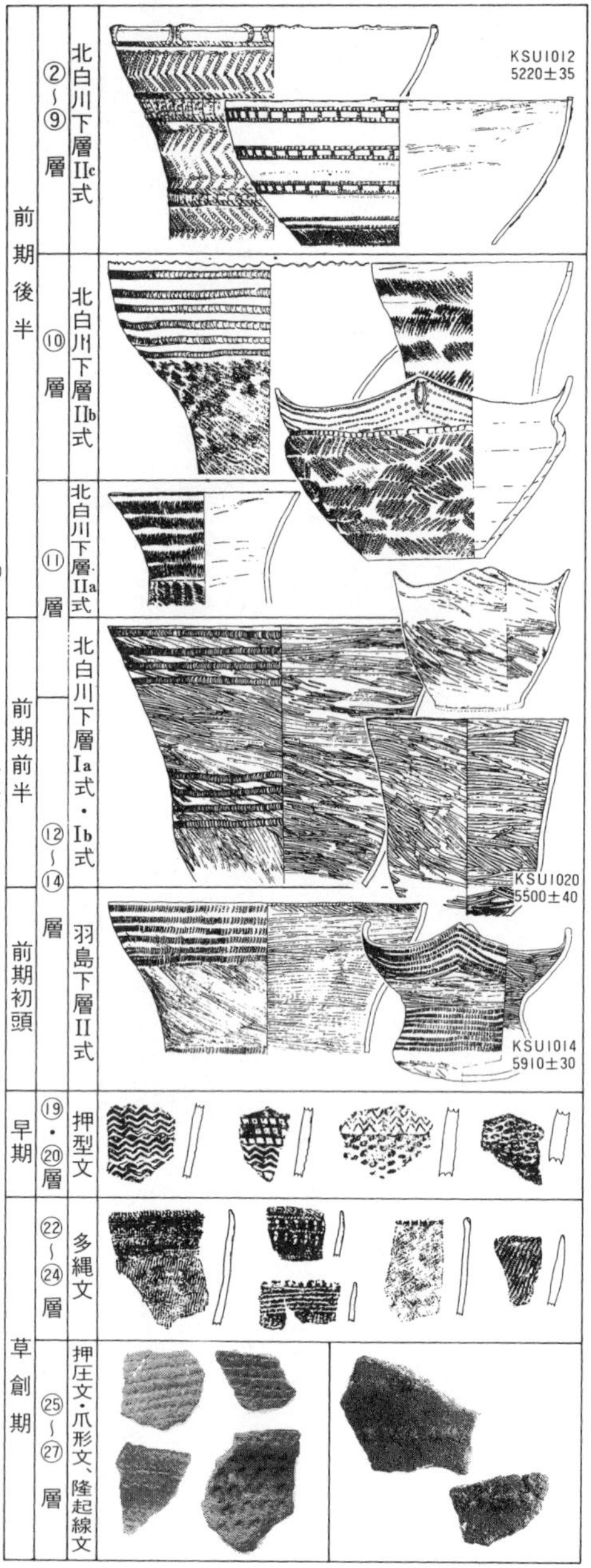

〔前期包含層〕

①混礫黒褐色粘質土
(②以下の層に対して不整合)

②〜⑦貝層群……有機質分解土をマトリックスとする混貝土層
淡水産貝類(マツカサガイ，イシガイ，ヌマガイ等)が主体，ヤマトシジミなど汽水産の貝も含む

⑧〜⑫，⑭未分解の有機物を多量に含む有機質土層……特に⑧〜⑩は，木材の遺物を多量に含む

⑬青灰色シルト層

⑮礫層……⑯層以下の「早期・草創期」の包含層を削平

⑯アカホヤを混在する青灰色シルト層

〔早期・草創期包含層〕

⑰〜㉘崖錐堆積の砂礫層…… 各層，未分解有機物を混在するが，特に㉓，㉔層は多量に含む

㉙木材集積層

㉚粘土〜シルト層

様をもつ二種類の深鉢、無文の一種類の深鉢、文様をもつ一種類の口の広い鉢などが製作されている。

鳥浜貝塚の前期の土器の終焉には、土器の全面に縄文をほどこし、紐の断面形が半円形となる突帯の粘土紐を貼りつける、特殊突帯文土器が少量であるが出土する。この土器は北白川下層Ⅲ式とよぶ。

第三節　糞石と千浦さん

●糞石分析の手法

食物の終わりは糞になる。糞が化石になったものを糞石といい、貴重な研究の対象になる。糞石のなかには、縄文人の生活臭あふれる情報が秘められているからである。鳥浜貝塚人の献立やカロリーなどが判明し、かれらの健康状態、はては寄生虫の有無までさぐれるといわれる。いわば、縄文人のカルテ（診断書）のような存在である。

縄文人の排泄物である糞石は、近年、各地の遺跡

縄文前期初頭の羽島下層Ⅱ式土器

縄文前期前半の北白川下層Ⅰb式土器

縄文前期後半の北白川下層Ⅱb式土器

糞石の出土状況

糞石の形状の名称

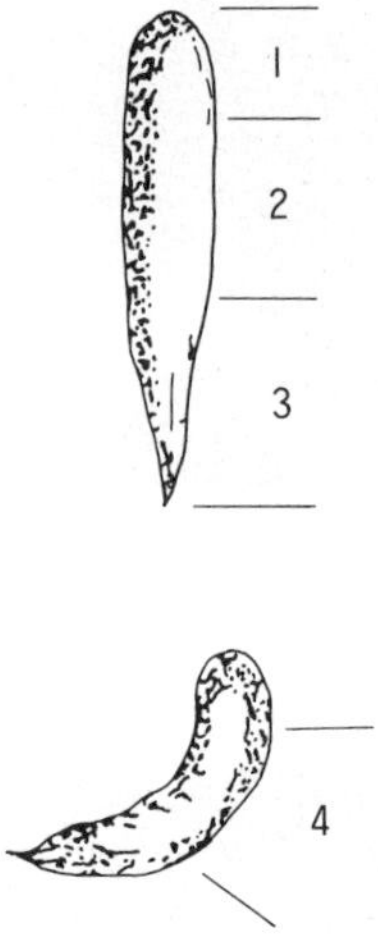

1．はじめ　2．直状　3．しぼり
4．バナナ状　5．コロ状　6．チビ状

でも注目されており、出土例も増加している。

鳥浜貝塚では、一九七五年(昭和50)の第四次調査時に大量の糞石の存在が明らかとなった。この糞石分析には、国際基督教大学の千浦美智子さんがカナダのトロント大学で学んだ最新の研究方法を取り入れて、積極的に取り組んだ。最初に、糞石の一点一点について、計量や特徴などの詳細な観察結果を台帳としてまとめ上げた。彼女は糞石の形態を分類して、はじめ・しぼり・コロ・チビ・チョク・バナナといった六種の愛称も考案している。鳥浜貝塚では、この糞石を始めからと終わりまで、順序よく並べてみると大人ひとり分のセットが揃った。

炎天下の発掘現場へも献身的に参加するなど、約七年間にわたって糞石分析に取り組んだ千浦さんはたいへん残念なことに、三四歳の若さで癌によって他界され、この研究は、以後ストップしたままである。

●糞石の行動科学

同じ第四次調査に参加し、鳥浜貝塚の花粉分析に中心的な役割を果たした安田喜憲さんは、糞石の花粉分析を実施した。その結果、糞石中の花粉の存在が確認されている。と同時に安田さんは、食物や飲料水に混じって体内に吸収された花粉と、花粉の分布を突き合わせて、落とし主の食後の行動をさぐることまでに迫っている。

一方、糞石研究で千浦さんが、いろいろ苦心したのは、人間と犬の糞がよく似ている点だった。鳥浜貝塚には犬がいたことはわかっていたから、千浦さんもその識別にいろいろと悩み苦労している。実際に愛犬と同じ内容の食事をし、消化状況を詳細に比較検討したりもした。千浦さんの当時は、残留脂肪酸分析は緒についたばかりで、人間と飼い犬との糞石の識別は研究者泣かせであったのであろう。

最近の考古学と自然科学分野の共同研究できわめて注目に値するのは、残留脂肪酸分析である。その中心となっているのが、帯広畜産大学の中野益男さんの考古資料の分析である(中野益男「残留脂肪酸による古代復元」『新しい研究法は考古学になにをもたらしたか』クバプロ　一九八九)。

残留脂肪酸分析では、人間と犬との区別はもちろん、植物質の食事がおもであったか動物質の食事がおもであったのか、あるいは両者混在の食事であったのかの推定が可能ということである。さらに、人間の糞石は、落とし主の性別、栄養状態や病気、下痢をしていたかどうかなども推測が可能といわれる。

第四節　遺跡を運ぶ男

●造形保存とは

「造形保存」とは耳慣れない言葉だが、いわゆるレプリカのような複製品とか、模型による復元とは異なる保存展示の新手法である。一口でいえば、発掘現場をそっくりそのままもって帰るという、画期的アイデアである。

たとえば、貝塚の貝層の堆積状況などは、これまで写真でしか伝えられなかったが、この手法なら、広い検出面をそのまま剝ぎ取り、保存処理して現物を残すことができる。もちろん、竪穴住居跡や敷石

遺跡の地層を剝ぎ取って室内に展示。観覧者にも層序がよくわかり好評を得る

住居跡の検出面など、実測や図面による記録に加え、広範囲に遺構や構造物を〝凍結〟して、移動保存することも、展示することも、たやすくできるわけだ。

事前調査とか緊急発掘調査などの、いわゆる「行政発掘調査」後、消えてしまう遺構の検出状況を部分保存するにも、大いに貢献し、威力を発揮している。

●魔法の腕をもつ男

造形保存の第一人者として高い評価を受けている森山哲和さんは考古造形研究所を主宰しており、各種の遺構の造形保存を可能にした人である。

鳥浜貝塚においても、一九八六年(昭和61)の第六次調査から参加し、本来なら消滅してしまう運命の遺構を、大げさにいえば、まさに魔法の腕がその保存を可能にしたのである。

造形保存のもっとも一般的な方法は、遺跡の地層の剝ぎ取りで、これを「接状《せつじょう》剝離《はくり》法」とよぶ。剝ぎ取る方法は、森山さんが独自に開発したポリウレタン系の樹脂を地層に吹きつけて膜状に固め、それをそのまま数ミリの厚みの地層とともに剝ぎ取るのである。剝ぎ取る層の厚さは、もちろん必要に応じて自由に加減できる。従来の手法より格段の軽量化が実現し、地層を、カーペットのように巻いて持ち運ぶことも可能になった。これが「遺跡を運ぶ男」と称せられるゆえんである。

鳥浜貝塚においては、接状剝離法により、約一万二千年前から現代までの時間的経過を、深さ約七メートルで剝ぎとった地層空間で表現することが可能になった。低湿地遺跡の場合の、剝ぎとった有機物層の植物性の遺物なども、ポリエチレングリコールで別途に保存処理をすれば展示することができる。また、そのまま水中につけてでも展示保存が可能となっている。

●遺跡を丸ごと保存

造形保存は、これまで普通にみられるレプリカ方式・型取り方式をいま一歩進展させて、遺構を遺構のままに保存し、一つ一つの現物そのものの復元使用を可能にした。これを「離状剝離《りじょうはくり》法」とよんでいる。その材料には、おもにシリコンや石膏が使用される。

これらの造形保存によって、部分的にではあるが、遺跡を丸ごと保存することが可能になった。たとえば、鳥浜貝塚では、杭群の出土状況を復元する際、まず「接状剝離法」によって地層の検出面を剝ぎ取り保存する一方、杭や、木片ほかの有機質遺物には、「離状剝離法」によって、保存処理をほどこした上で、両者を組み合わせて復元した。

こうして室内に運び込んで保存・展示を可能にしたことは特記できるだろう。他の遺跡では、各種の住居跡や、縄文時代の丸木舟の出土状況の現状保存などに実施されている。

その他、鳥浜貝塚の調査の進行に伴って、各種の造形保存を実施した。たとえば、三方火山灰層の検出面を剝ぎとりによって保存処理したものは、将来の火山灰層分析を可能にしている。また、一部分であるが石斧柄の出土状況の立体的な水中保存もした。

第四章　鳥浜ムラの四季

第一節　古三方湖畔の人々

●三方五湖のいま

琵琶湖から北へ二〇キロ、若狭湾のほぼ中央に、国の名勝三方五湖がある。水月《すいげつ》湖北方の梅丈《ばいじょう》岳（四〇〇メートル）展望台から三六〇度、三方五湖の全景を一望のもとにする眺望は、絵にも描けない美しさだ。山の緑がこんもりと、海に、湖水に落ち込む静かなたたずまいは、沈水海岸と陥没湖がつくり出す独特の風景である。

「若狭なる三方の海の浜清み　い往き還らひ見れど飽かぬかも」（万葉集七・一一七七）

万葉集の昔から、なんど往復して眺めても見飽きることのない、天下の奇勝であった。

三方五湖は、北から久々子《くぐし》湖・日向《ひるが》湖・水月湖・菅《すが》湖・三方湖と続く。いずれも三方断層が南北に走る切り立った断崖下の、西の沈降地に水をたたえた溺れ谷で、現在はすべて運河ないしトンネルで日本海に結びついているが、江戸時代以前は、久々子湖を除いて独立した淡水湖であった。

このうち、久々子湖（最大水深二メートル）は、砂丘によって海から閉じ込められた潟湖で、縄文時代には日本海の入り江であったようだ。その西にある日向湖（三九・四メートル）はもっとも深いが、江戸時代に日向水道が開削されて海水湖になった。ほかは上三湖ともよばれる。菅湖（一三メートル）は水月湖（三三・七メートル）の一部であり、三方湖（三・七メートル）とは、自然の水道で水面が一つに連続している。三方湖が浅いのは、三方湖に注ぐ鰣川が流域に沖積低地を広げながら運び込んだ、多量の堆積物によるものである。川流域の沖積層は最厚三〇メートルに達する。

●あふれ出した三方湖

江戸時代初期の一六六二年（寛文2）、この地方は劇甚な大地震に見舞われた。それ以前まで、上三湖の水は菅湖の東側にあふれ出て、いまの宇波西《うわせ》川の谷を北へ流れ、久々子湖にはいっていた。ところが、数メートルの上下動を伴う烈震によって菅湖の東側の断層が隆起したために、出口をふさがれた上三湖の水位はどんどん上昇し、湖岸の村や田が水没する大被害となった。

梅丈岳の頂上から見た若狭湾、右手は日向湖

二年あまりの難工事の末、新たに浦見《うらみ》川を開削して水月湖の水を、直接、久々子湖へ放流することによって、水位を以前より三〜四メートル下げるというもくろみが功を奏し、上三湖は水害から解放された上、生倉《いくら》、成出《なるで》の集落と新田二四ヘクタールを得るという成果をあげて、湖水面は、ほぼ現在の姿（海抜〇メートルの水面）となった。

三方五湖周辺は、このような地震による地殻変動や、ゆるやかな活断層のはたらきに加えて、河川の堆積、気候変動による海進・海退などの影響を受けてきた地域であった。

●初めて鳥浜にきた人

縄文時代の三方湖は、現在より南へさらに奥深く広がる静かな湖面をたたえており、「古三方湖（鳥浜湖）」ともいうべき湖を形づくっていた。
椎山丘陵が、ちょうど湖の中央を東へ伸びる岬になっていて、鳥浜貝塚は、岬の先端部で南側の裾になる。冬の北風をふせいで日当たりのいい、居住するにはまたとない好適地であった。

いまの三方湖は、平均水深一・三メートルだが、湖底の堆積層が一六メートルもあるから、縄文時代にはもっと深くて水深一〇メートルはあったろうか。古三方湖のほうは全体的に浅く、水辺にはハンノキ、モチノキ、トリネコが生い茂り、ヒシ、コウホネ、アサザなどの水生植物が岸近くを覆っていた。小魚

鳥浜周辺の遺跡と旧湖（鳥浜湖）

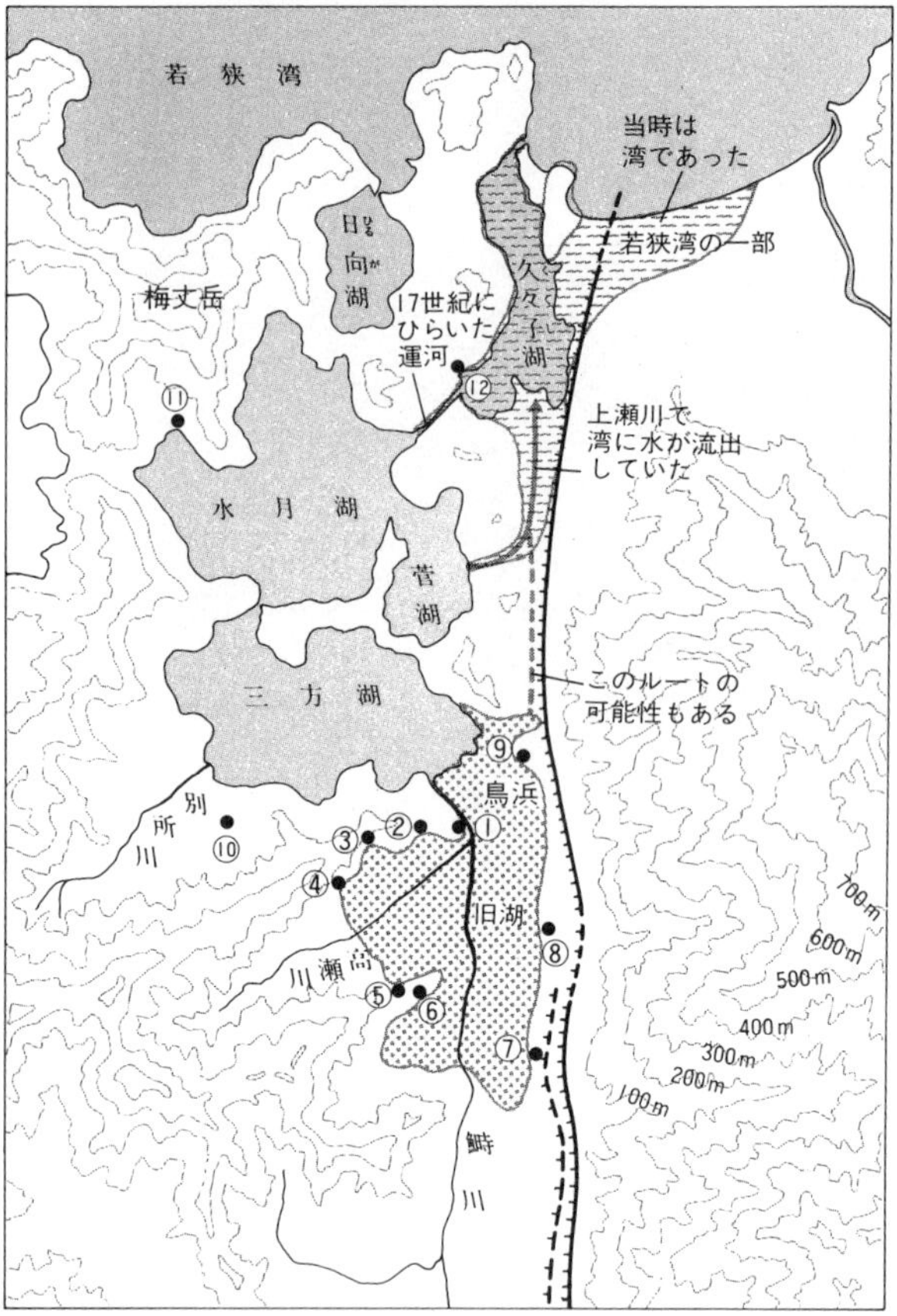

旧湖（鳥浜湖）

三方断層（┴┴┴は推定）

鰣川水系流域分布の縄文遺跡

① 鳥浜貝塚
② ユリ遺跡夏浦地区
③ 牛屋遺跡
④ 北寺遺跡
⑤ 仏浦遺跡
⑥ 田名遺跡（古路谷前地区）
⑦ 藤井遺跡
⑧ 江跨《えこ》遺跡
⑨ 市港遺跡

その他

⑩ 田井野貝塚
⑪ 五十八《いかばち》遺跡
⑫ 苧《お》遺跡

などの棲みやすい環境だったから、コイ、フナ、ウナギ、ギギなどがよくとれた。水辺にびっしり浮かぶヒシの実を集め、湖の魚をとるためのキャンプサイトを設けたのが、人が鳥浜を訪れた最初であったろう。

こういう場所が、食料をたやすく手に入れることのできる、暮らしやすい土地であることをよく知っていたようだ。

鳥浜の歴史は、湖と人の交わりによって始まった。かれらがもっていた隆起線文土器は、一万一千八百年前と測定されている。世界でもっとも古い土器の仲間である。縄文時代が幕を開けたばかりのときであった。

そのころの冷涼な気候の時代から、急速に温暖化は進み、日本列島がもっとも温暖化した五千五百年前の縄文前期には、一年が四季の変化をみせ、いっそう豊かな暮らしやすい自然環境をもたらした。カシやシイのうっそうとした照葉樹林が拡大し、動物も植物もこのリズムに合わせて一年の生活をおくり、鳥浜ムラは最盛期を迎える。

●母なる湖と海

森のところどころは明るく開け、カナムグラ・ギシギシ・カヤツリグサ・イヌホオズキなどの人里植物の生える草地がある。

湖にのぞむ五、六軒の竪穴の家には、三〇人ほども暮らしていただろうか。住居跡は、いまではわずかに痕跡をとどめるのみだが、地床炉《じしょうろ》が検出され、貯蔵穴には大量の木の実が蓄えられていた。

ムラの周辺には、クルミ、コナラ、クリの林を開いた空間につくり、リョクトウ、エゴマ、ゴボウ、シソ、ヒョウタンなどを育てる菜園がみられる、といったムラのたたずまいであった。

自然が用意した季節のメニューは豊潤であった。にぎわう野山をめぐり湖をめぐって、四季それぞれの多様な生活の内容は、みな新鮮であり、活発であった。

この古三方湖を囲むようにして、縄文時代の遺跡が一〇か所を数えている。湖畔のムラは、そのほとんどが低湿地遺跡という、全国にも例をみない遺跡群をつくっているのであるが、草創期の鳥浜貝塚をはじめ、早期から晩期まで揃っており、縄文時代の総合低湿地遺跡博物館ともいえる地域になっている。

このように、古三方湖と三方湖はかれらの生活の中心となり、母のような存在であった。

丸木舟の役割も大きかった。鳥浜貝塚の二隻のほかにも、ユリ遺跡で四隻の丸木舟が発掘されていることは第二章で述べたが、湖に網をおろし、荷を積み、人を運んで、疾走する丸木舟は、三方五湖ばかりでなく、日本海へも乗り出して漁労に、交易に、生き生きした活躍の場を繰り広げていたのである。

第二節　五千五百年前に栄えたムラ

●大量の遺物が語るもの

鳥浜貝塚は、福井県三方郡三方町鳥浜字高瀬に所在する。名勝三方五湖をひかえていることもあって、遺跡見学者も数多く来訪した。

そのときの質問のナンバーワンは、こうだ。

「人口はいったいどれくらいでしたか」

地下に三メートルの厚さで堆積し、二〇数万点を数える膨大な数量の人工・自然遺物を目にしたとき、いかに多くの縄文人が生活していたか、と関心をもたれても不思議ではない。

「縄文時代前期、いまから五千五百年前のムラの戸数は五～六軒で、人口は三〇人前後でしょう」

この模範解答の、意外に小さな数字に「信じられない」と、やや失望気味の顔である。

では、膨大な量の遺物をどのように考えればよいのであろうか。

鳥浜貝塚と同時期で、かつ近隣の遺跡の規模や遺物の内容から比較してみると、鳥浜貝塚は「拠点的な集落」の感が強く、岬の先の舟だまりという要地でもあり、地域の中心的なムラであったとみられること。これが第一点である。

二点目は堆積の問題である。北の丘陵から、雨風を受けて土や砂が流れ込む。湖底には水生植物が枯れて堆積する。かりに一年に一ミリの土が積もったとして、単純計算で五千年間では五メートルの堆積があるわけで、文字通りチリも積もれば、となる。つまり、鳥浜貝塚の大量の遺物は、気の遠くなるような、長期間の生活廃棄物の総量を物語るものと推測したほうが理解しやすい。

鳥浜貝塚は縄文時代草創期、早期、前期にかけて少なくとも約七千年間以上、連続したかは別にして、長い年月をかけて形成された遺跡であった。

●鳥浜貝塚人の主要食料

縄文の人たちが、七千年もの時代を鳥浜貝塚に定住してきたからには、その生活を支えた十分な食料があったにちがいない。そこで鳥浜貝塚がもっとも栄えた五千五百年前の生業活動の復元に挑戦したのが、西田正規さんである(「縄文時代の食料資源と生業活動」『季刊人類学』11―3　一九八〇)。

鳥浜貝塚の動植物を調べ、食べられる自然遺物を数量的に分析して、縄文前期の定住生活にかかせない、毎日食べる主要な食料(メジャーフーズ)を割り出した。まず、シイ・ヒシ・クリなどの木の実類(ナッツ類)であり、フナ・コイ・ウグイなどの小型淡水魚類、そしてシカやイノシシなどの偶蹄類《ぐうているい》であるとしている。鳥浜貝塚でも膨大な量の貝殻が出土している貝類は、量のわりには意外だが、かれらの主たる食料とは考えられないという。貝類は「季節的な食料の一部を占める」にとどまるようだ。

検出された遺物の数量からみても、たとえば木の実類の粉食用調理具として、石皿・磨り石のセットで二〇〇点近くの出土がある。漁労用具としては、漁網用の石錘が一〇〇〇点を超え、ヤスなどの骨角器製刺突具六三〇点など、狩猟用具の石鏃三〇〇〇点や丸木弓などが出土しており、生業活動のための道具が数量のうえでも突出している。こうしたことからも鳥浜貝塚人の活発な生業活動をよく物語っている。

●ヤジリとおもりの関係

出土遺物の数量的な分析の一つの試みとして、狩猟用具(石鏃)と漁労用具の石錘、骨角製刺突具および獣骨出土量の四項目を層序ごとに取り出してみたのが、表〈狩猟・漁労関係遺物数量〉である(「考古

狩猟・漁労関係遺物数量(第8次調査出土)

	層群	層位	土器型式	石鏃	石錘	骨角製刺突具	獣骨(kg)
前期後半	1	4層	前～晩期	28		1	1.2
	2	5～6層	北白川下層IIc式	93		36	54.7
	3	7～9層		5		4	6.2
	4	10～15層		23		15	56.7
	5	16～19層		21		11	22.4
	6	20～25層	北白川下層IIb式	66	1	22	87.6
	7	26～29層		47	4	14	49.8
	8	30～34層	北白川下層IIa式	9	5	3	55.1
前期前半	9	35～42層	北白川下層Ib式	14	1	7	6.8
	10	43～50層		9	3	10	7.8
	11	51～58層		1		8	2.5
	12	59～66層	北白川下層Ia式 羽島下層II式		6	3	4.8
	13	67～69層			3	5	3.7
	14	70～77層		3	67	4	11.9
早・草創期	15	78層	条痕文系 押型文 多縄文	6	121		
	16	79～81層		2	23		0.06
	17	82～84層	多縄文		1		0.09
	18	85層	爪形文	4	1		0.01

学ジャーナル」二三一号　一九八四)。

つまり、全時代を通して、鳥浜貝塚での食料獲得活動を、時間軸から眺めてみた。

ここではおもに獣骨に焦点をあてているが、草創期→早期→前期へと時代を追い、層序に基づいた狩猟・漁労関係遺物の出現傾向を分析すると、食料獲得活動のあり方に、大きな時代的変革が起きていることを示していて、はなはだ興味深い結果となっている。

まず、狩猟についていえば、石鏃と獣骨の数量変化が一致する。石鏃の量が増えると、シカ・イノシシを中心とした動物の捕獲量は、比例して増えていく相互関係が見受けられる。

漁労活動についてみると、漁網に使われる石錘はしだいに減少し、草創期と前期初頭という鳥浜貝塚の比較的古い段階に多かったものが、前期後半の時期には消失している。

ヤス、あるいはモリなどの骨角製刺突具は、石錘の消失時期になって、逆に数量的なピークがあり、石鏃の数量的変化ともよく似た数値の変化がみられる。また、石鏃が激減する前期初頭に、刺突具が現れて、前期前半までの過渡期に主役を演じているのも注目される。

●漁労から狩猟への転換

これらの数量的な変化が物語るものは、何かを考えてみた。

漁労活動においては、石錘を使用する漁、すなわち鳥浜の周囲に広がる古三方湖の純淡水の網漁から、おそらく海水産の回遊魚などの刺突漁へ変化した結果が想定される。

さらに、刺突漁の増加に伴って、石鏃の弓矢による狩猟も増加していることである。つまり、前期の後半の段階に、動物性タンパク質獲得の主流は魚類から狩猟に変わったものと理解される。

●鳥浜ムラは五千年前に廃絶

鳥浜貝塚は、いまから約五千年前、縄文前期後半の北白川下層IIc式の段階に、ムラとしての機能が廃絶した。このことは、遺跡全域を覆う、背後の椎山丘陵から崩落して形成された礫層の存在によって判明した。洪水をはじめとする自然災害が起因となって、廃村にいたったものであろう。

この地は、前にもみたように、西の丘陵から常に砂礫が供給されて、草創期・早期の包含層をつくっていたが、七千年前にも、大自然災害が起きたらしい。早期の包含層を大きく削平した礫層の存在がそれである。そのときは、どうやら立ち直って、前期の最盛期を迎えたのだが、五千年前の災害後は再びこの地に立ち戻ることはなかった。

いまから五千年前に消えた鳥浜貝塚人は、どこに移り住んだのかと心配していたが、三方町内の縄文遺跡の調査が進むにつれて、鳥浜貝塚からさほど遠くない地点で、引き続き集落を営んでいたことが判明してきた。これについては、いまのところ、調査よりも保存が望まれている。いつの日か大きな成果をみせてくれることだろう。

第三節　鳥浜貝塚人の春夏秋冬

●鳥浜貝塚人の生活復元

鳥浜貝塚人は、三方五湖とその奥にひかえる古三方湖＝鳥浜湖を中心に、季節が与えてくれる自然の恵みを最大限に享受していた。自然と呼吸を合わせて自然を知り抜いて巧みに利用する。想像以上に豊かな生活を営んでいたことがわかってきた。

その採集生活（生業）の一端をわれわれに示したのが、一九六三年（昭和38）の第二次調査であった。一〇次にわたる鳥浜貝塚の調査をすべて指導された岡本勇さんは、E・Fトレンチと名づけた調査区の層序（地層の重なり方）の観察から、層序に季節性のあることを指摘したのである。

縄文前期にあたる五千五百年前の、羽島下層式とよばれる土器が出てくる層は、約六〇センチの厚さがあった。これらをさらに細かく観察すると、トレンチのいちばん下には、クルミを主体にドングリ類・クリなどの「種子層」、すぐ上に、魚の骨やウロコの「魚骨層」、それを覆って淡水の貝を主体とする「貝層」といった食料残滓が、すきまなく整然と堆積していることがわかった。

これは、鳥浜貝塚人たちの食料採集は、秋―冬―春と続いており、植物採取と漁労とは季節的な変遷を物語っている。つまり、季節によって植物採取と漁労とを分けて営んだというのである（「原始社会の生産と呪術」『岩波講座日本歴史』第一巻　一九七五）。

岡本勇さんは、遺物が堆積する文化層から、食物採取活動の季節的変遷が読み取れることを、このとき、するどく指摘したのである。

この観察と分析成果は、一九八〇年（昭和55）の第五次調査から設定された「生業を中心とした生活の復元」という共通の調査テーマに生かされた。

その後、遺物包含層から掘り出された土は、細かい網目のフルイにかけて水洗選別し、普通では見逃してしまう、微小遺物を採集するという方法が強化された。かれらが食べ残した魚の小骨まで、文字通り洗い出して分析した。こうした緻密な努力によって、鳥浜貝塚人たちの四季の生活が、しだいに明らかになっていった。

春

鳥浜貝塚人の目の前に広がる三方湖は、純淡水の湖で、まさに「母なる海《う》・湖《み》」であり、周囲をいろどる野山の森とともに、かれらを支える豊かな生活の基盤だった。

湖の水がぬるむ春には、湖のマツカサガイ・イシガイ・ヌマガイ・マガキを採取し、ときには海のほうにも出かけて汽水産のヤマトシジミをとった。貝類は、おそらく土器を用いて煮たようだ。そのほうがうま味を増し、大量に調理できる。春以降には欠かせない味覚であったろう。

近くの野山に、かごを手にして出かけては、ミツバ・ウド・ゼンマイ・フキなどの山菜も盛んに採取したにちがいない。こうした貝拾いや山菜狩りはたぶん女性と子供の仕事であったろう。

男性は、湖の魚とりに精を出した。

ヤマトシジミ、マツカサガイ、カワニナなどの汽水、淡水貝類

●湖の淡水魚について

■盛んな網漁　三方湖は、淡水魚の宝庫である。丸木舟が登場して、魚とりは飛躍的な盛況を迎えた。丸木舟に網を積んで漁場へ乗り出す。網や獲物のことを考えると、定員は二名くらいだろう。一隻ではあるまい。数隻の舟で共同作業が行われたと思われ

漁網のおもりに使われた石錘

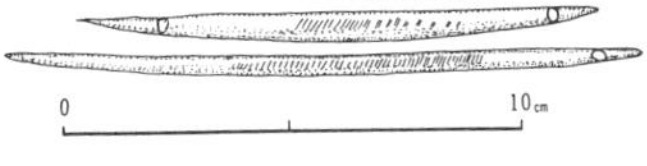

地獄針とよばれる釣り針

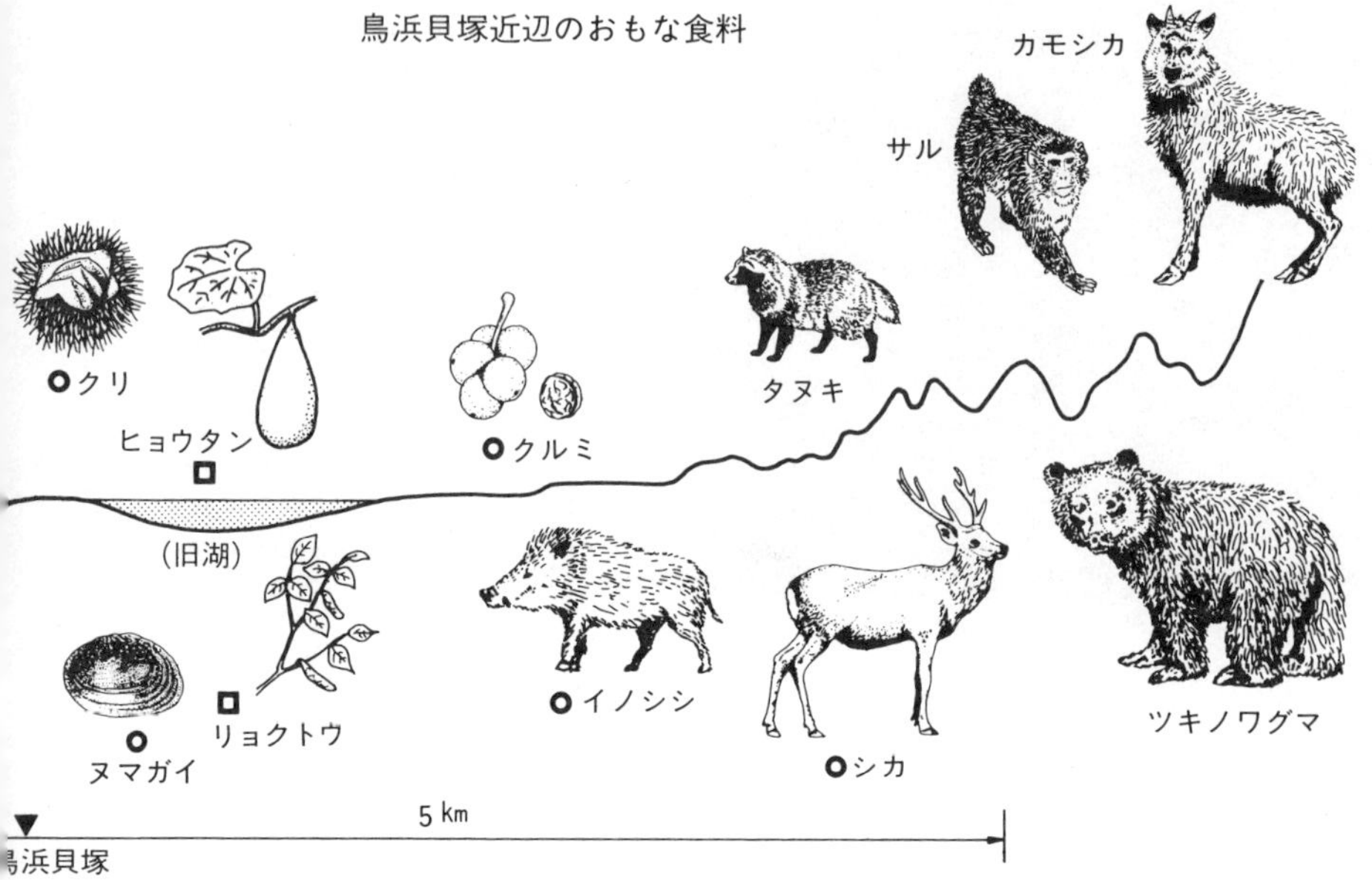

る。以下に、民俗例を参照しながらみていこう。

石錘とよぶ漁網のおもりは一〇〇〇点以上も出ており、網漁の盛んであったことを示している。網には、ヒノキ・アサ・アカソ・タヌキランなどを素材にした編み物や縄が確認されたことから、漁網を製作する技術は十分に備わっていたと考えられる。

湖では刺網漁《さしあみりょう》も盛んであったろう。水面をたたいて魚を驚かし、張りめぐらした刺網に追い込んで捕獲する、という悠長な三方湖の漁法があった。「カチ網漁（たたき漁法）」といった。

小エビや小魚漁に「柴漬《しばづ》け漁」がある。まず、山から切り出した柴を束ねたものを湖に沈める。小魚類が集まり柴の束に潜り込んだころ合いを見計らって、周囲を竹で編んだスノコで封じておいて、柴の束をスノコの外へ抜き出す。まんまと取り残されたところを、タモ網ですくう、という寸法である。漁獲量もいちばん多く、もっとも盛んな漁だった民俗例である。

この魚をすくう「タモ」と思われる直径六〇センチほどの木枠（イヌガヤ製）が出土している。

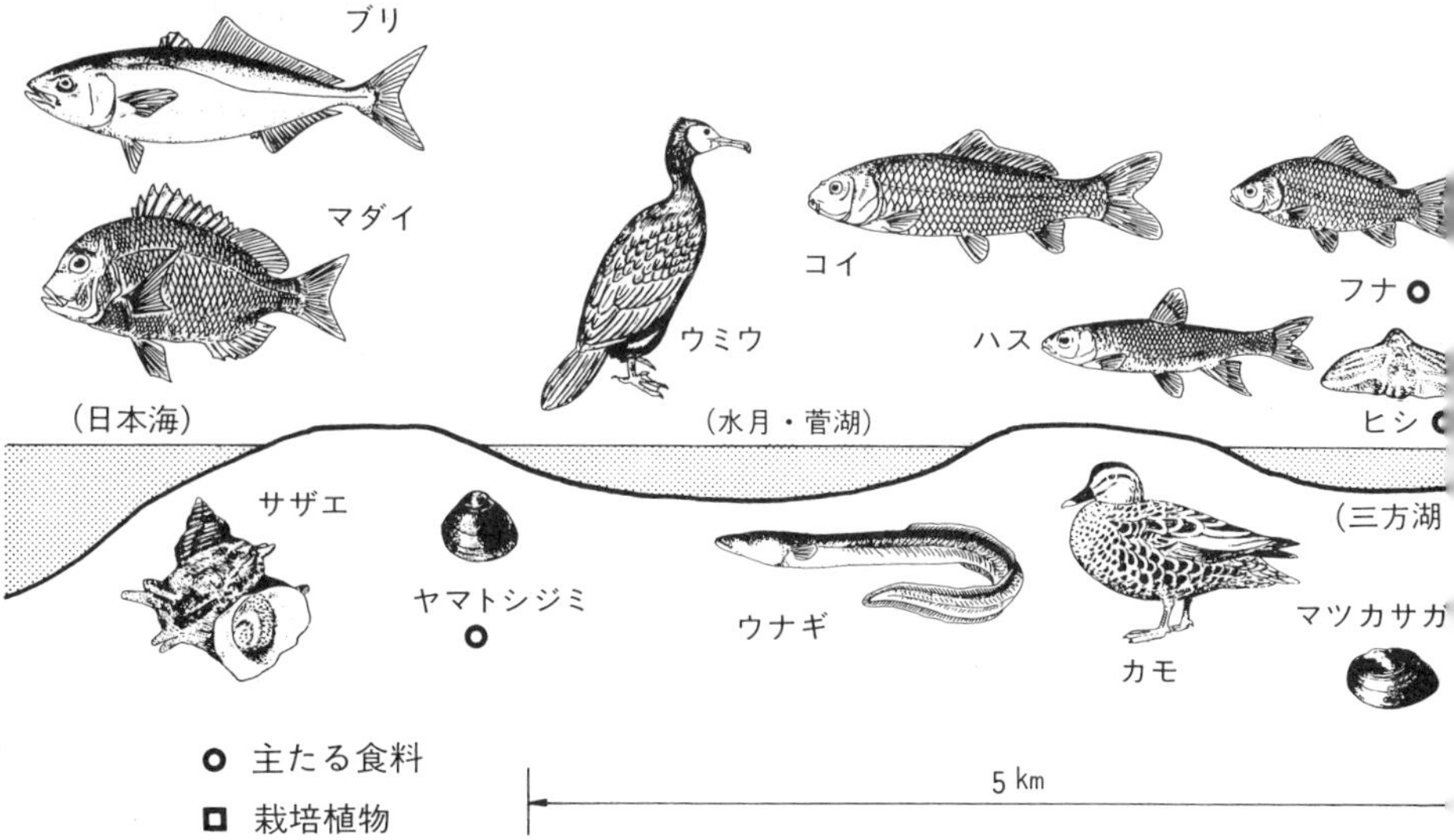

鳥浜貝塚では、骨や牙で製作された「地獄針」という物騒な釣り針がある。長さが四〜一一センチで大小の種類があり、半月形で両端を鋭く尖らせ、中央に糸をかける刻み目のある針である。民俗例では、ウナギ漁に行われる延縄《はえなわ》の釣り針に使われている。一般的な「し」の字形の釣り針は製作しなかったようで、一点も出てこなかった。

■三方湖はフナが中心　湖にはフナ・コイ・ギギ・ウナギ・ナマズ・ハス・ウグイ・ニゴイ・カワムツなどの淡水魚が確認されている。

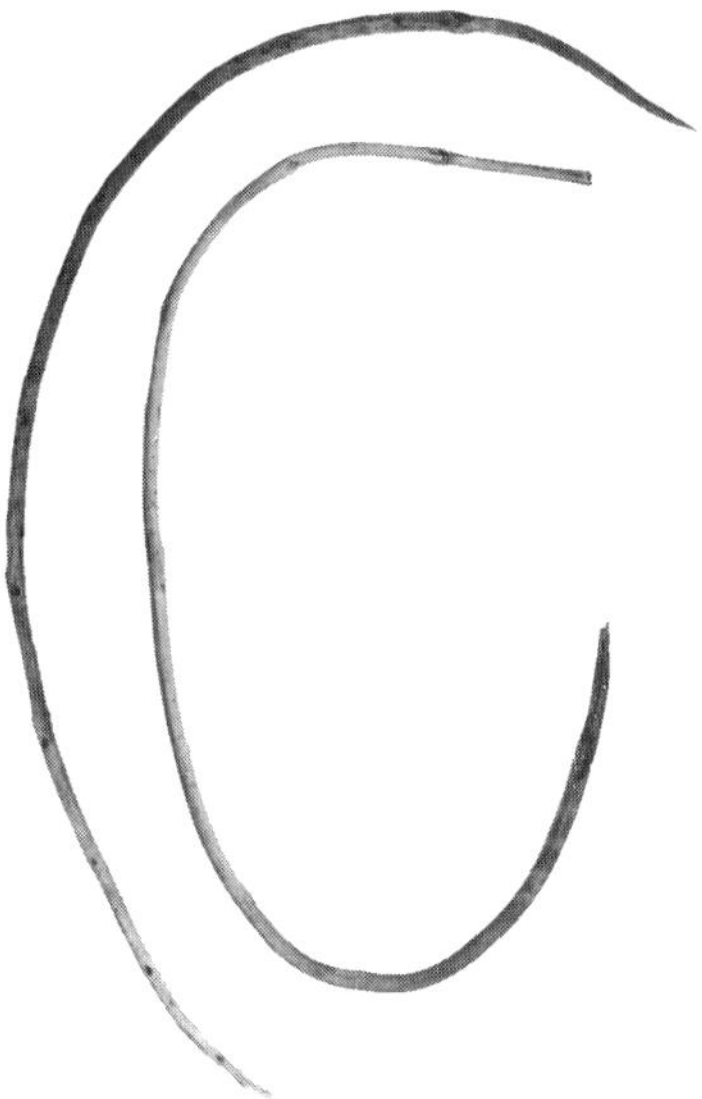
タモの枠

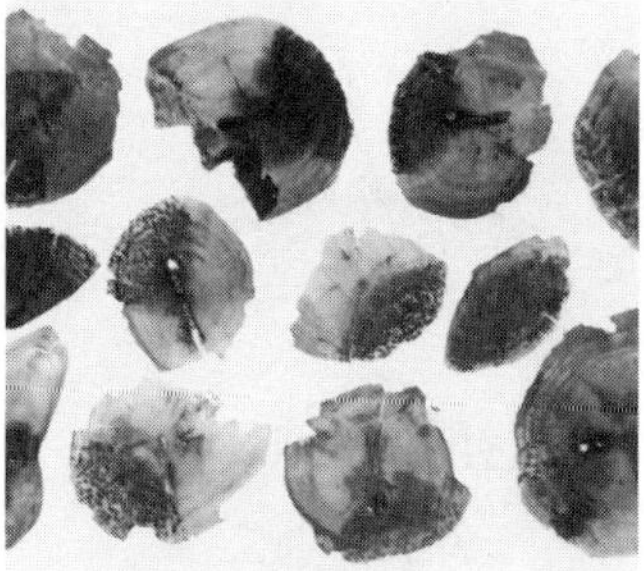

アメ色の光沢をしたフナと想定されるウロコ

フグの歯

漁のおもな対象はコイ・フナと想像していたが、魚骨の分析からはコイはきわめて少なく、フナが圧倒的に多いということが判明した。現在の三方湖の漁でもフナのほうが多いということである。

　これは、当時、筑波大学の大学院生であった本郷一美さんの研究成果によるものであった。

　一九八〇年（昭和55）の「80R」という調査区では、全部の土を水洗選別するという細心の集中力と忍耐を要する調査方法を実施していた。本郷さんはその調査から採集した資料の分析をしたのである。

　さらに本郷さんは、ハスの咽《のど》骨というきわめて珍しい魚骨を検出した。

　ハスは、コイ科の淡水魚だが、三方湖に注ぐ主流の鰣川の名の由来でもあり、近年まで、琵琶湖と三方湖および、鰣川だけに棲息する特殊な魚といわれていた。その小型淡水魚が、すでに鳥浜貝塚人の漁獲対象であったことが明らかにされたのである。

■魚の調理法（ウロコ）　数万枚のウロコが出た。塊で出土した例もあり、明らかに魚を調理したことを物語っている。石匙とよぶ石のナイフでウロコを落とし、切り身におろしたのだろう。アメ色の光沢をもつフナと想定されるウロコから、二〇～三〇センチ内外の体長も推定されている。

　新鮮な魚の調理法として、地元の漁師さんが勧めるのは、生で食べることがいちばん、つぎに串にさして焼く、最後は煮るという順番である。

夏

　夏は、近くの海で魚や貝をとった。漁法は、丸木舟を漕いで沖に乗り出し、舟の上からあるいは潜水して、ヤスで獲物をしとめる刺突漁や海上の網漁など、勇壮な漁が展開されたと思われる。

刺突具のヤスは骨角製で、六三〇点にのぼる。なかには装着した木製の柄を残したものが二点出ている。

若狭湾に回遊してくる魚群は種類も豊富であったようで、マグロ・カツオ・ブリ・サワラなどの魚骨が大量に出土している。そのほかに、スズキ・マダイ・クロダイ・ブダイ・サメ・フグなどもとっていたようだ。イルカ・シャチ・クジラなどの海の哺乳動物、アシカの骨も出土している。

これら漁労活動は、魚の習性や漁期を熟知していた男たちの仕事だったようだ。

●海洋での漁獲物

■ウシサワラ　一九七二年（昭和47）の第三次調査のとき、直径が三・五センチの大型魚のセキツイ骨が六個連続して出土した。大江文雄さんの鑑定でウシサワラのセキツイ骨ということがわかった。体長二・五〜三メートル以上、重さ四〇〜五〇キロ以上の巨大なウシサワラを推定できるという。長さ二五センチに及ぶウシサワラの鋸状の歯も出ている。
ウシサワラは、現在は日本の南西諸島から台湾・南シナ海方面の暖かい海域に分布し、季節的に群泳する。黒潮に乗って若狭湾にも現れたのであろう。

マグロのぶつ切りを思わせるセキツイ骨も判明しており、われわれの食卓よりも豪華なご馳走が並んだことも大いにあり得ることだ。

■フグ　縄文人はフグを全国各地で賞味していたようで、鳥浜貝塚人も例外ではなかった。大江さんは出土した歯からトラフグと鑑定、体長三〇〜四〇センチと推定している。

■クジラ　鳥浜貝塚では、直径が三〇センチを超える大きなクジラのセキツイ骨が何点か出土している。捕鯨は疑問であるが、シャチに追われて浜にあがったクジラを、ムラびとの共同作業で解体してム

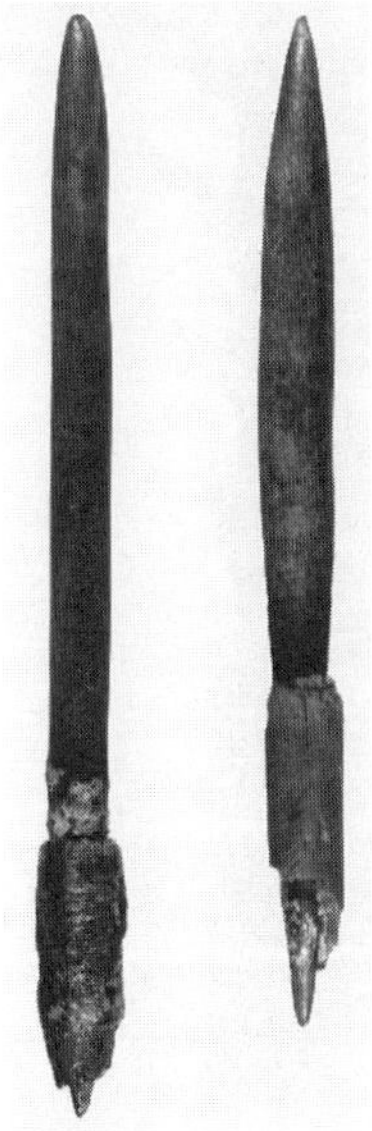
木製の柄のついた骨角器製のヤス

鹿角斧（土掘り具）

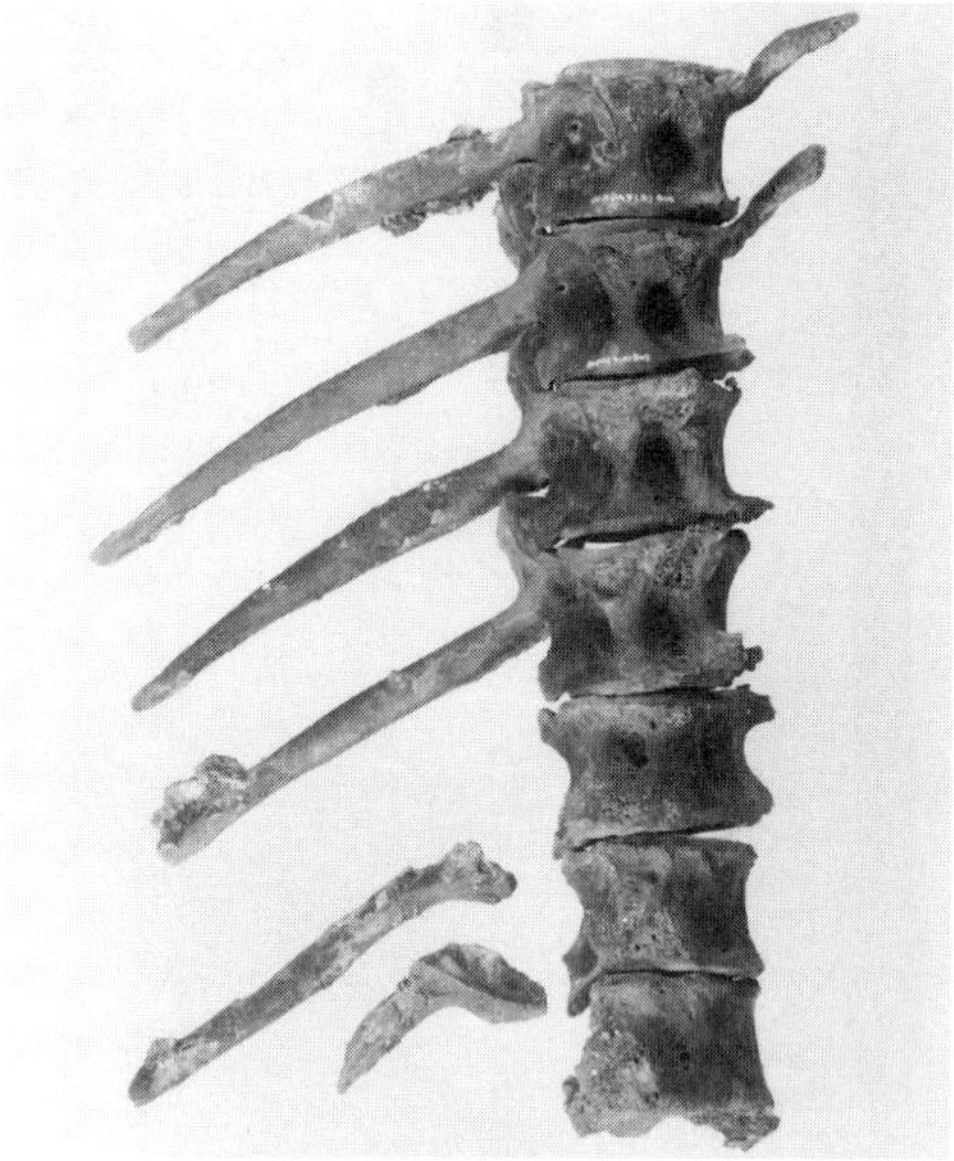

ウシサワラの脊椎骨

ラに運んだことは想像できる。それを物語るシャチの骨も出土している。クジラは捨てる部分がない。鳥浜貝塚でもクジラの骨はヘラや作業台など各種の道具に利用されている。

鳥浜貝塚人の多彩な漁労活動の一端をうかがわせる資料といえよう。

■海産の貝類　ハマグリ・ハイガイ・サルボウ・ツメタガイ・コシダカガンガラ・アワビ・サザエなどが出土している。なかでもサザエがたくさんとれたようで、その丸いフタがよく出てくる。殻は少ないが、出土した殻には焼いた例が目立つ。おそらくサザエのつぼ焼きにして食したのだろう。

秋

秋は木々の実りがいっせいに始まるにぎやかな季節であった。森のドングリ類・クルミ・クリ・カヤの実が採取された。編んだかごいっぱいに、三方湖のヒシの実も盛んにとられただろう。

ジネンジョ、ユリの根なども掘り起こされた。数

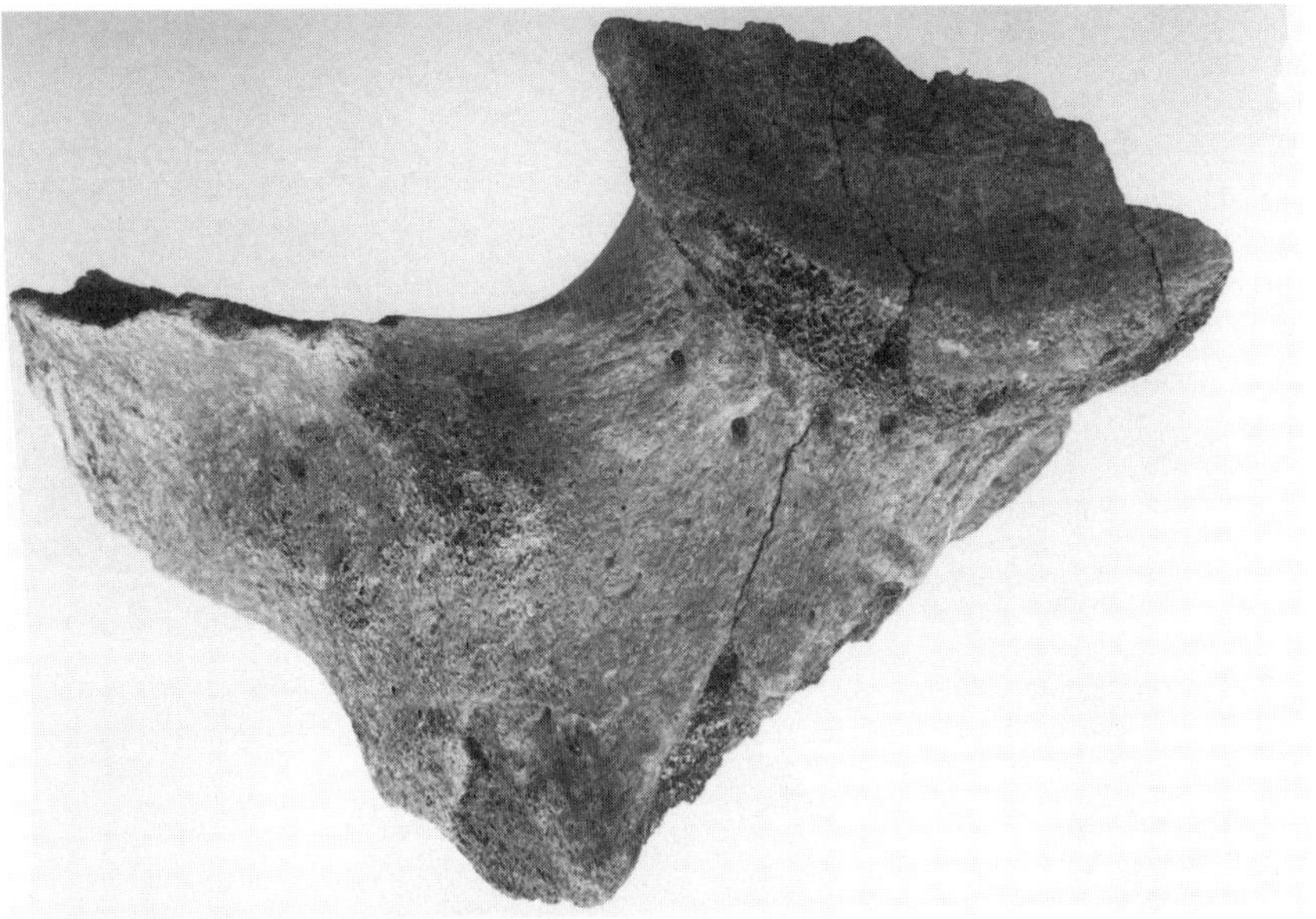
クジラの脊椎骨

例であるが、土器の内面に焦げついたユリの根と思われる炭化物が層をなして付着しているものが出ている。それにキノコ類もかれらは見逃さなかったにちがいない。

秋の採取活動は、集約的労働が要求された。大体ドングリ類は三か月間が収穫期である。ヒシの実は一〇日が勝負だ。この時期ばかりは女性や子供だけではなく、ムラびと全員で携わったことであろう。秋の木の実は、なにも人間だけが待っていたのではなく、小動物の群れも待ちのぞんでいるわけで、鳥浜貝塚人にすれば集中的に採取する必要に迫られたはずだ。たとえばクルミを例にとれば、鳥浜貝塚で出土したなかに、ネズミやリスの食べかじった痕跡の残るものがかなりの数にのぼる。

採取された木の実類は、冬から春にむけて貯蔵された。第九次調査で、木の実の貯蔵穴群が住居跡の西側から五基発見されている。直径が四〇センチあまりの穴に、ぎっしりとドングリだけが詰め込まれていた。ほかの木の実ははいっていなかったことから、種類別に食料を貯蔵したことが想像される。

●採取活動

■ドングリ類　ドングリとは、ブナ科コナラ属の木の実、たとえばクヌギやカシ類の実を総称している。シイの実などの脂肪分の多いものはそのままでも食べられる。一方、常緑のカシ類のドングリはデンプン質が多く含まれるが、渋くてそのままでは食べられない。タンニンが強く、アク抜きが必要である。

各時期の縄文遺跡から、石皿と磨り石とよぶ石器がよく出土するが、これがドングリからデンプンを採取する道具である。平らな石（石皿）にドングリをのせて、丸い石（磨り石）で磨りつぶしてデンプンを取り、清流にさらしてアク抜きをした。鳥浜貝塚で

貯蔵穴より出土したおびただしい量のドングリ

黒いアクのような炭化物が付着している
石皿（左）と磨り石（右）

いまでも使えそうなシャモジ

すばらしいデンプン源となったヒシの実

は、石皿と磨り石に黒いアクのような炭化物が付着している例が確認されている。

■粉食　デンプンは根菜からも採集されるが、盆状の漆塗り木器で粉をこねてだんごにする。そのとき、しゃもじも活躍した。ヤブツバキ製の長さ一八・五センチ、幅七・三センチ、厚さ一ミリで、現代のしゃもじと、じつによく似た製品が出土している。

■ヒシ　ヒシは一年生の水草で、秋に実がなる。その採取期間はわずか一〇日間ほどで、それを過ぎるとヒシの実は湖底に沈んでしまう。そして水底で越冬し、春に再び芽を出してくる。

大量に集めたヒシは天日でカラカラに干して、おそらく竪穴住居の屋根裏に保存したのであろう。

近年まで、この地方の湖畔の村々では乾燥したヒシの実を俵に詰めて保存したそうだ。飢饉の際の救荒食物であった。ゆでてから食べるのだが、少し生臭いがクリのような味がする。すばらしいデンプン源である。鳥浜貝塚のヒシは、概して、大粒のものが出土しており、明らかに中身を取り出して潰されたような状況で出土するものも多い。

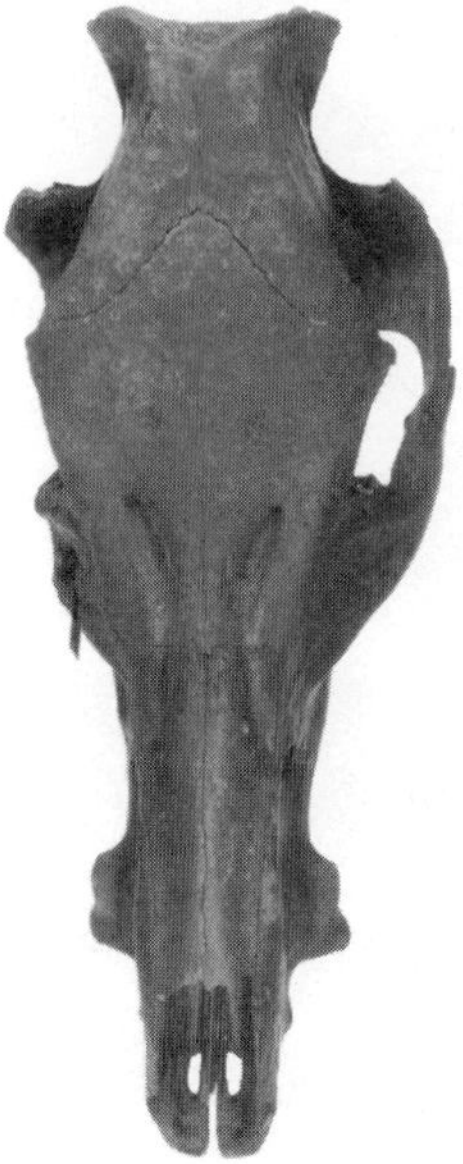

イノシシの頭骨

ニホンジカの頭骨とツノ

冬

冬は狩猟の季節である。シカ・イノシシ・カモシカ・サルなどが捕獲された。

脂がのりきり、雪で動物の活動が鈍くなる冬は、鳥浜ムラの狩人にとっては絶好のハンティング・シーズンであった。狩猟法はおそらく、弓矢猟と罠《わな》猟、落とし穴猟などと多彩であったろう。弓矢猟ではシカとイノシシが狩猟の中心であったようだ。

もっともクマの頭骨や他の部位の骨もかなり出土している。冬の間クマは冬眠しているので、すべての狩猟が冬に限られていたわけではないだろう。

●狩猟活動

■シカとイノシシ　いままで何人もの研究者が鳥浜貝塚の動物骨の分析に携わっている。その結論として一ついえるのは、シカとイノシシの捕獲割合の傾向である。

シカとイノシシは哺乳類の骨の九五パーセントを

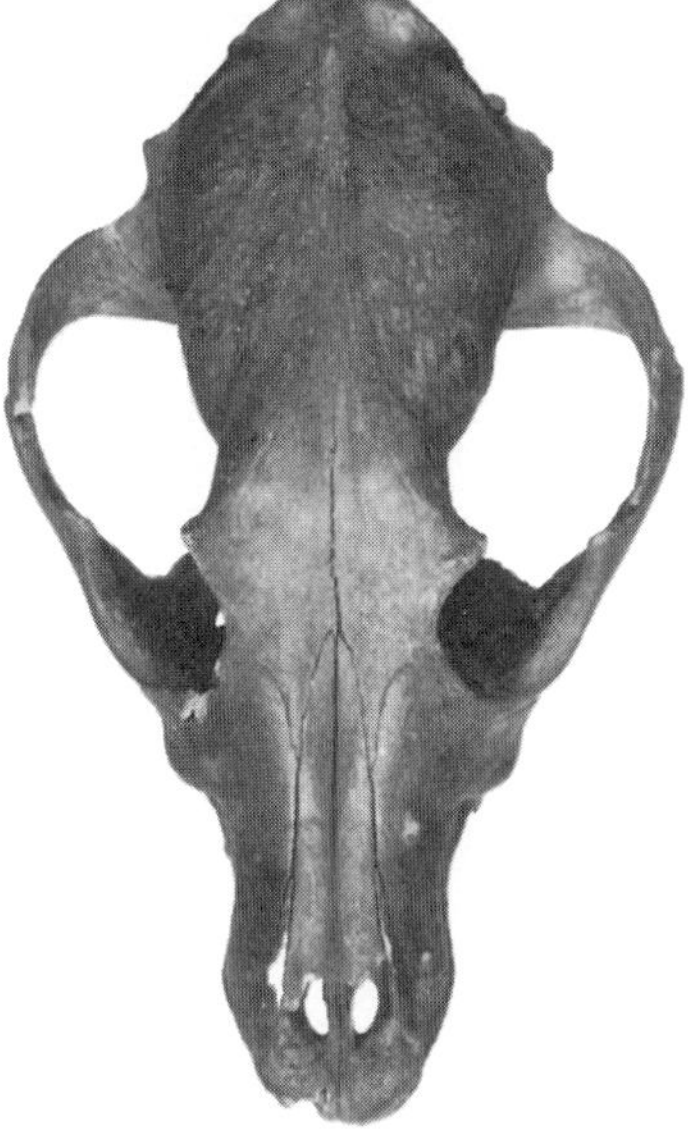

たいへん珍しいイヌの頭骨

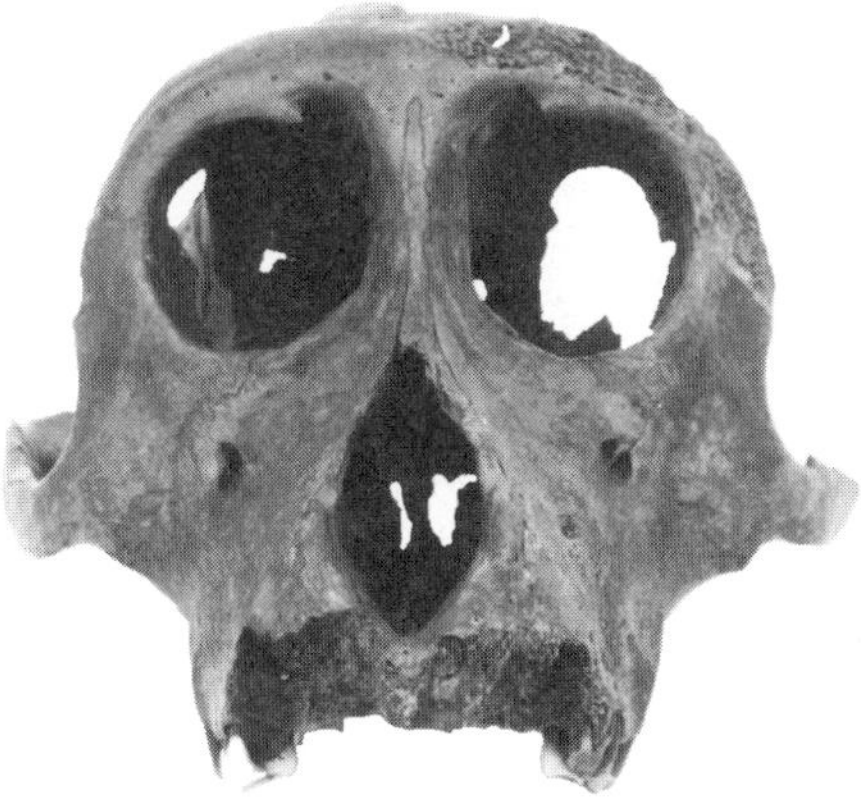

ニホンザルの頭骨

占め、そのうちシカが三分の二、イノシシが三分の一という結果である。圧倒的にシカ狩りをしていたようで、興味深い結果である。それについでカモシカ、サルなどである。これらの哺乳動物の幼獣まで捕獲したかに関しては両説あるが、自然を熟知していた鳥浜貝塚人としては、資源の保護対策は十分講じていたように思われる。

■その他獣類と野鳥　毛皮を目的として、カワウソ・テン・ウサギ・アナグマなどが罠猟の対象となった。タヌキはその骨が出土しているが、不思議なことにキツネはこれまで確認されていない。理由は不明である。

野鳥も、カモ類・オオハクチョウ・ウミウ・ワシの仲間などの骨が明らかになっており、猟の対象になっていたにちがいない。

■狩猟と飼い犬　犬はこの当時にはすでに家畜化していたようで、小型の柴犬とみられる頭骨が完全な形で出土している。人間とともに狩りに活躍したのであろう。犬の噛み跡の判明する動物骨なども出ている。他の遺跡では埋葬例などがある。

●自然の一部として七千年

鳥浜貝塚人が生き生きと生活していた縄文時代前期の段階は、気温は現在より二〜三度高く、温暖だったとみられる。もちろん、春・夏・秋・冬の四季があって雨も多かったから、冬に限れば「雪」が難問であったのは現在と変わらなかったであろう。

鳥浜の地に縄文人が住み始めたのは、ほぼわが国の縄文文化の開始と同時期にあたる。いまから約一万二千年前と古く、かれらにとっては「ユートピア」であったはずである。

この地がいちばん栄えた五千五百年前を例にとれば、生活を支える重要な食料資源はすべて身近な海と湖と里と野山に豊富にあった。日々は新鮮で活気に満ちていた。季節を分けて狩猟に、山菜とりに、漁労に、木の実の採取・貯蔵にと、採集活動は生活の喜びであり、自然の恵みをそのままに、旬の味覚を享受した。

そのことが鳥浜の縄文文化層に季節性の層序を顕著に示していたのである。

季節は食料採集活動ばかりではない。家の造作、舟づくり、網づくりの計画や、石斧柄の未成品を貯木したり、石器の工具を手入れしたりして、木器の漆を準備する。新しいデザインの土器をもった人が、遠くの珍しいものや情報を一緒にもってやってくる。着物をつくり、おしゃれ用品に工夫を凝らす。そうした嗜好や美意識にいたるまで、出土遺物が言外に証拠立てているのである。

わたしたちの学生時代までの「食料を求めてさまよい歩く縄文人」というイメージはもはやない。むしろ現代の複雑な日常と比べ、これまでの二千年を振り返えると、鳥浜貝塚の七千年という長い時代は、大きな争いも破壊もなく、自然の一部として、素朴だが充実した生活を享受する豊かさの問題をはじめ、多くのことを示唆しているようだ。

第五章　鳥浜貝塚、日々の用

第一節　土器の用途

●土器が語る時代と地域の情報

考古学では、土器の形質や文様を、時代や時期を特定する有力な手がかりにしており、縄文文化の研究でも土器の編年は精緻《せいち》をきわめている。鳥浜貝塚の土器にも、愛称がついていて、縄文前期の初頭のものについては「羽島下層式土器」、それから少し時代が下がる「北白川下層式土器」などがある。それぞれの呼称のもとになった、中国地方の岡山県羽島貝塚、近畿の京都市北白川小倉町遺跡にちなんだものであるが、その形や文様に強い共通性をもっている。

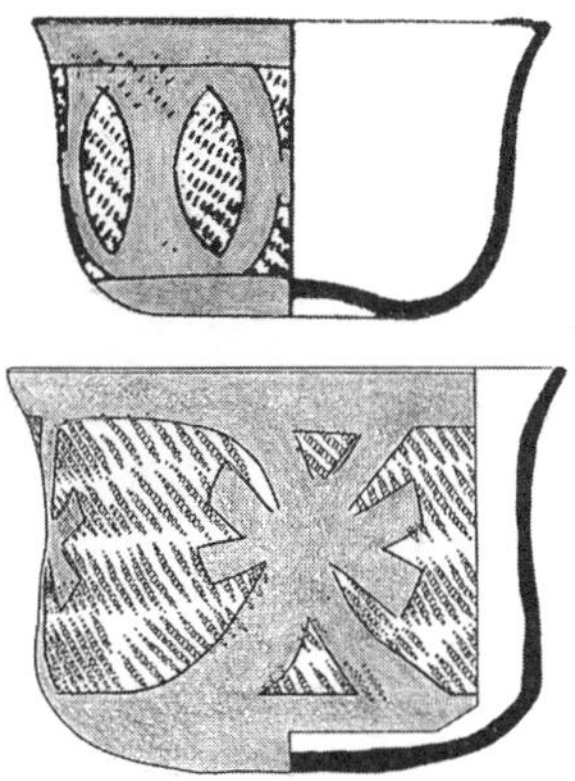

流通する土器
京都北白川小倉町遺跡出土（上）と鳥浜貝塚出土（下）の鉢型土器　どちらも赤く彩色され、形、色、文様ともによく似ている

　土器の製作に地域性があるということは、土器の器形や文様のデザインに流行があったわけで、時代によってその地方の影響を受けたからだ。鳥浜貝塚の土器は、好んで近畿・中国地方のパターンを選んでいる。関東の影響を受けたものもあるから、土器に限らず、日用の必需品と一緒に、多くの情報が鳥

煮こぼれ跡のついた土器

ススの付着した土器

浜と各地を往来し、交流していたことを物語っているわけでもある。

●調理道具としての土器発明

土器は「貯蔵と煮沸、それに盛りつけのためにつくられるようになった」と教科書は教えているが、わたしは、その最初は、煮る・炊く・炒める・揚げるという食事のための必要から発明されたものと考えている。

食物を加熱するとうま味が醸《かも》し出される。しかも一度に大量の木の実・生肉・貝類・野草・山菜などを調理して多人数をまかなえる食生活の革命的発明だった。縄文人にとってのナベ・カマとして使ったのが土器の始まりであったのだろう。

鳥浜貝塚の土器の九九パーセントにも、まず例外なく、スス（炭化物）が付着している。煮こぼれ痕のきわめて明瞭に認められる土器や、裏表に炭化物が一面にこびりついている例、なかには、普通なら自然遺物としては残ることのないユリの根が、内側に層をなしてこびりついているのが確認された土器も

盛りつけに使った楕円形土器

祭りや儀式に用いた土器

出土している。

しかも、びっしりと付着するススは、盛んに油を使用したことを物語っている。エゴマ油、あるいはイノシシやクジラの油など、植物性・動物性をとわず食用油が使用されたものであろう。テンプラやカラアゲの存在も指摘しておきたい。先のユリの根などは、おつなものだ。

●縄文土器の用途

土器はほかにも、貯蔵・盛りつけ・運搬にも用いられる、使い回しのいい容器である。

容器というと、これは土器と限らない。木製の各種の鉢や盆、皿状の容器類、編み物(かご)類、木の葉、樹皮、ヒョウタンの果皮、あるいはヤシの実、大型の二枚貝なども、鳥浜ではよく用いられていたことも念頭におくべきであろう。

もう一つは、漆塗り土器、加えて丹彩土器(ベンガラ塗りの土器)も見逃せない。この一群の土器は煮沸用ではない。なんらかの儀式用の用途、ハレのために使用されたのかもしれない。

補修用の穴のあいた土器

補修孔に紐が残っている土器片

●土器づくりの意気込み

鳥浜貝塚の土器に普遍的にみられるものに、補修孔がある。石のドリル（石錐）でヒビ割れが生じた土器の箇所に穴をあけ、糸というか、紐で修理しているのである。

鳥浜貝塚では、紐がそのまま炭化して、補修孔に残存していた。ていねいに紐をつくり、修繕していることに感服したものだ。現代のわたしたちからみれば、使い捨てではなく、大事にものをあつかう縄文人像が描かれる。手づくり土器のよさというか、土器製作の労苦を知るがゆえに、ヒビごときでは捨てられない意気込みが伝わってくるようだ。

第二節　編み物と縄

●縄文の労働着

一九八一年（昭和56）の第一号丸木舟の発見は劇的だったが、その際、丸木舟のために新設した拡張区域から小さな編み物が現れた。出土してもなお十分に弾力性を残す編み物に、一同は固唾《かたず》をのんで観察したものだった。同一固体の編み物は大小二点あり、同じ編み物の別の部分らしい。大きいほうの破片は、縦三・五センチ・横四センチほどで、毛糸の編み物の切れ端という感じである。出土時は毛糸のセーターのような手ざわりであったことを鮮明に記憶している。

この編み物は、布目順郎さんによって鑑定された。明らかに後世のアンギンに類するものであるとされ、材質は、近代のアンギンでも使っているアカソであることが判明した。繊維は木槌でよくたたかれて糸にされている。その木槌も鳥浜から出土している。

さらに布目さんが細かく観察すると、数十本の極細の繊維を撚った直径二ミリの糸を、一〇センチ間隔の縦糸で、横糸をはさむように撚って編み物にしていることがわかった。編み物はいたって精巧につくられており、衣類として用いられたものの残欠といってよい。「まさに後世のアンギンの祖先ともいえるものであり、日本人の衣料の源流とみなすことができる」とまでいう（『鳥浜貝塚』六　一九八六、布目順郎『絹の東伝』小学館　一九八八）。新潟県の信濃川中流域で最近まで使用されてきた「越後アンギン」とよばれる労働着のルーツの可能性がある。

衣料としての編み物が、織物と品質の上で遜色ないものであった実態が五千五百年を経て明らかになった。

それは、鳥浜貝塚の洗練されたさまざまな編み物技術のもとに生まれたものだ。もじり編み・網代編みなどが多彩な用途に活用され、衣類をはじめ、漁

アカソのアンギン（編布）

敷きもの？編み物

木槌

網、敷物、かご類など五〇点以上の資料が得られている。材質はアカソ、アサ、ヒノキの細割り材が使用されていた。

●縄文ファッション

　縄文時代の衣類については、毛皮や皮革の利用は従来から指摘されてきた。しかも、植物繊維の衣料の存在が明確にされたわけで、編み物の実物資料に基づき、材質をも含めてそのつくり方は近代の労働着と同じであることがわかった。縄文時代の衣装は、従来のイメージとはまったくちがって、かなり高度なレベルにあったといえよう。縄文ファッションの片鱗がみえてくる。

　鳥浜貝塚出土の赤い漆塗りの櫛・骨角器の櫛・カンザシ・ヘアピン・ペンダント・石のイヤリング・貝のブレスレット・サメの歯のペンダントなど一連のアクセサリーの存在、加えて妖艶な光まばゆいトリハマ・パール、各種漆製品などは、装身具としてすばらしい内容である。

　さらに、骨角製で小さな穴のあいたアクセサリー

かごや敷物などに使われた編み物（網代編み）

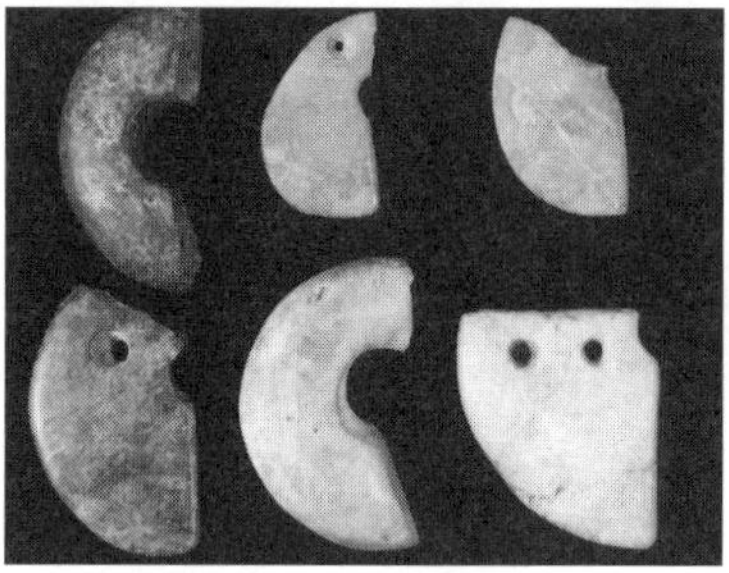

玦状耳飾り・石のイヤリング

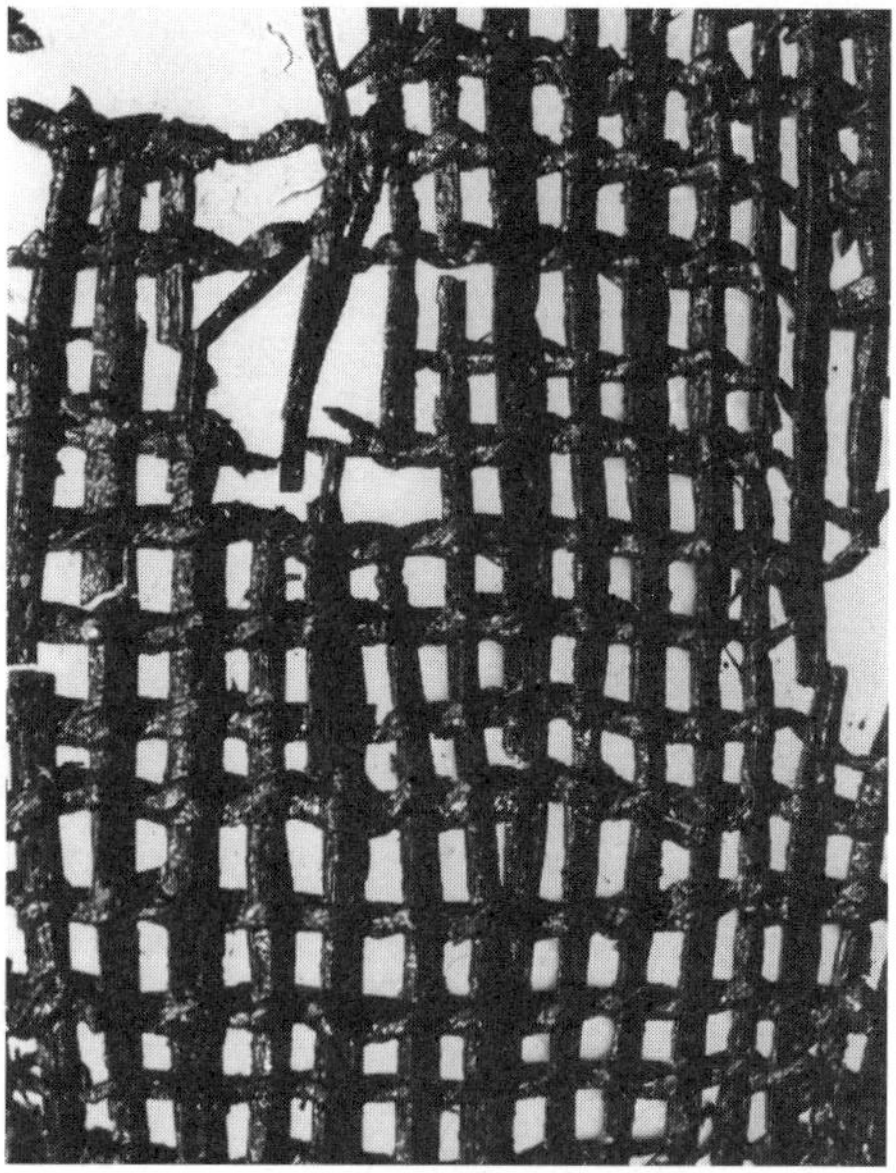

漁網などに使われた編み物（もじり編み）

があり、ボタン様の樹皮製品がある。このようなブローチやボタンつけに、骨の針と糸があった。

これらの資料からも、精巧な植物繊維の衣料の存在は、縄文ファッションの説得力のある主張といえよう。

三つ編みの縄から、髪の毛を三つ編みにする女性、漆塗りの土器や木製品の文様からは、草木染めの衣服の染色、あるいは刺繍の存在などが浮かんでくる。縄文人の装飾に燃やす意欲は並ではない。想像をたくましくすると、斬新なデザインがさまざまに浮かんでくるだろう。

●縄文人と縄

編み物は、第一次調査時に、同志社大学のBトレンチから貴重な発見があり、その当時から注目していた。一方縄については、じつは第三次調査まではその存在すら見抜けなかったという強烈な思い出がある。

包含層の上面を、竹ベラで少しずつていねいに剝いでいくと、髭のようなものが土から顔を出す。これを注意深く追っていくと、だんだんと縄がその神秘的な姿を現してきた。掘り出すと、編み物と同様、弾力性が残存しており感嘆の声があがる。薄い茶色で、近くの農道に見受けられるワラ縄とまったく同じものが出てくるのだ。誰かがいたずらして埋めたのかと誤解を生じるほどであった。

縄文文化のシンボル的存在の縄だが、その後、一七〇点ほど出ている。二本撚り、三本撚り、三つ編みといった撚り方があり、右撚り、左撚りもある。太さによって直径二〜三ミリの糸、紐(五ミリ内外)・縄(一〜二センチ)・綱(五センチ内外)と明確な区別がつけられる。これは当然のことながら、用途のちがいが想定される。縄の材質は、アサ、アカソ、タヌキランであった。

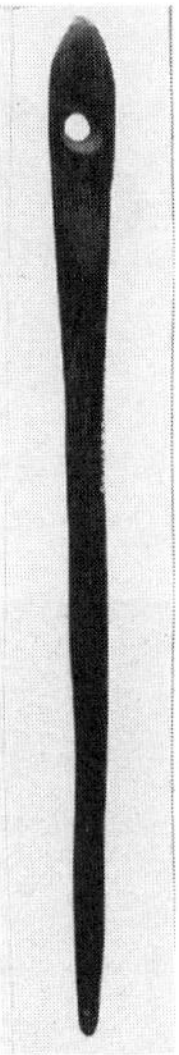
骨角製の針

アサを撚ってつくった糸

第三節　栽培植物の発見

●北と南からの渡来植物

一九七二年(昭和47)の第三次調査のとき、五千五百年前の層序から、かなり大きなヒョウタンの果皮が出土した。これは、当時撮影したカラースライドに鮮明に記録されている。このときは不勉強であったこともあり「ああヒョウタンか」ぐらいの関心で、水漬け保存をほどこした程度だった。ところがこのヒョウタンは三年後の一九七五年(昭和50)になって、にわかにクローズアップされることになる。

当時、京都大学理学部におられた西田正規さんが調査に加わって、ヒョウタンは西アフリカ原産の栽培植物であり、たいへんな発見であることをまず教えられた。西田さんはその後、リョクトウも鳥浜貝塚に存在したことを明らかにした。小さな豆、そしてヒョウタンの種子の検出は、遺物包含層の大量の土を研究室に持ち帰って水洗選別する、という地道な努力のたまものであった。ヒョウタンについてはその後、藤下典之さんによっても研究が進んだ。

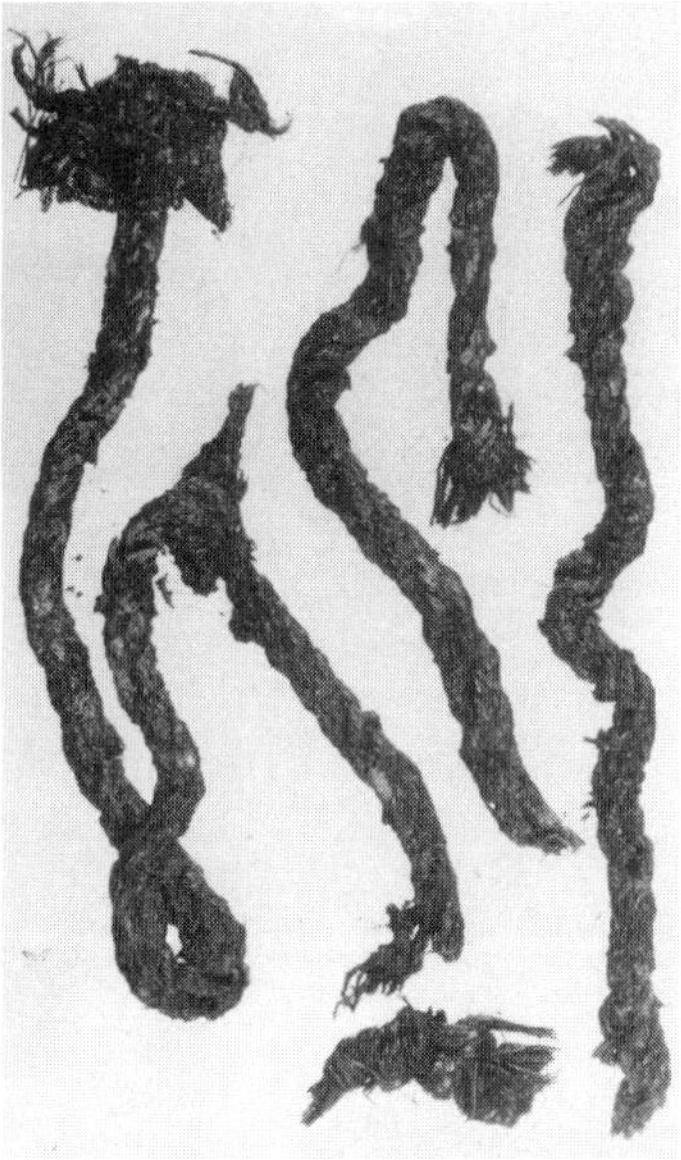
直径約2 cmの縄類

三つ編みの綱

一九八〇年（昭和55）の調査からは岡山大学の笠原安夫さんが参加し、栽培植物の問題は飛躍的に前進する。笠原さんは、膨大な遺物包含層の土を二〇〇グラム単位ずつ細分して顕微鏡で詳細に観察し、個々の種子については走査型電子顕微鏡で細胞段階の研究を進めた（笠原安夫「栽培植物の伝播」『季刊考古学』第一五号　一九八六）。

その結果、シソ、エゴマ・アブラナ科の仲間・カジノキ・ゴボウなどの大発見が相次いだ。加えて、五千五百年前の大麻（アサ）の種子も明らかになった。これらはヒョウタン・リョクトウとも、元来日本に自生していなかった栽培種である。笠原さんによれば、これらの種子の多くは南から渡来したものであるが、ゴボウ・アサについては北からの渡来の可能性がある、と興味深い事実を指摘している。

大小二つの種子がみつかったゴボウは、ヨーロッパからシベリア、中国東北部に野生し、日本に渡来したのち野菜として定着した。

ゴボウもアサと同様、「シベリアからの渡来人の随伴植物」（笠原安夫前掲書）とされる。アサについて

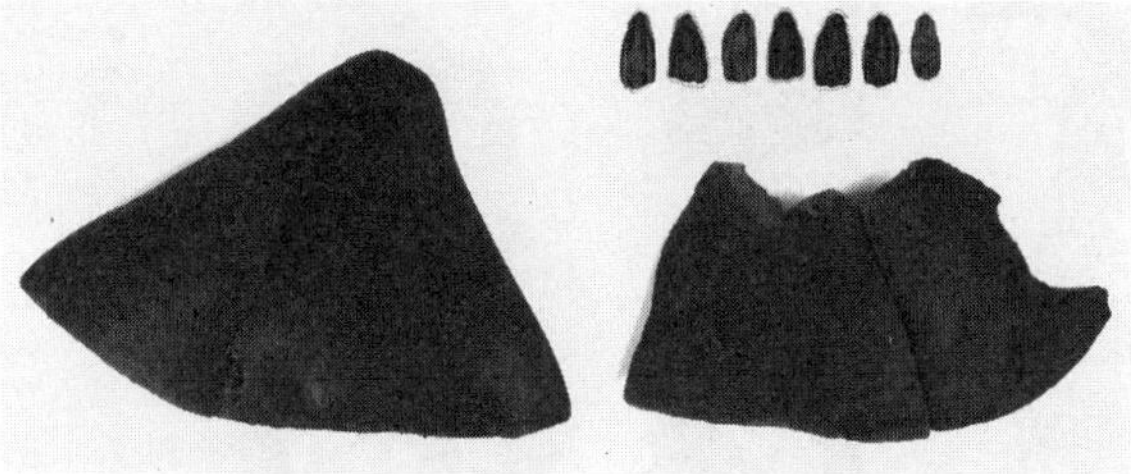

ヒョウタンの種子（右上）と皮

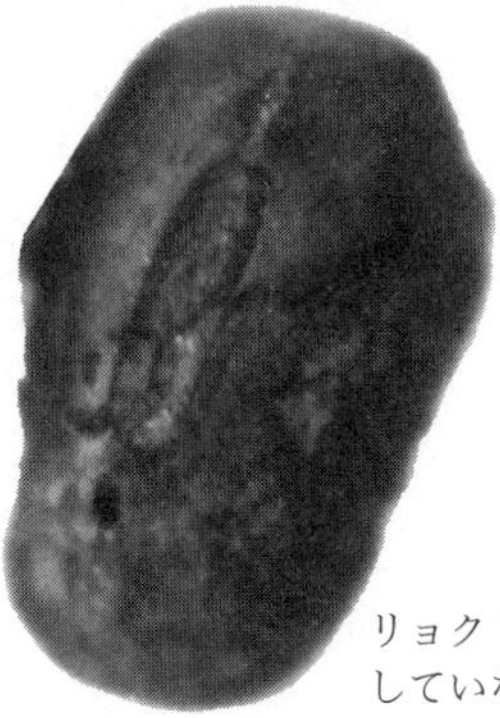

リョクトウ。ヒョウタンとともに日本に自生していなかった栽培植物の一種

は、鳥浜貝塚の細い糸や編み物にアサが利用されていることも判明している（布目順郎「目で見る繊維の考古学」 染色と生活社 一九九二）。アブラナ類も野菜としては重要な位置にあったようだ。

このように、縄文農耕の存在に対して実証的な資料で迫ったのは西田・笠原さんであり、鳥浜貝塚からの栽培植物の種子と果皮の検出が最初であった。

●縄文前期に農耕のきざし

これまでの縄文人は、狩猟、漁労、採取といったすべてを自然採集に頼りきった生活であるとされてきた。むろん長野県の藤森栄一さんを中心としたグループの縄文時代中期の農耕論などの考え方や、同志社大学の酒詰仲男さんのクリ栽培論など諸先学の学説はあったが、多くの研究者にとって「種蒔く縄文人」などはもってのほかであった。

鳥浜貝塚五千五百年前の栽培植物のいわば〝そろい踏み〟は、学界に大きな刺激を与えたことは確かである。わが国にもともと野生種のなかった渡来栽培植物の存在は、縄文農耕の始まりとはいえないまでも、縄文前期の段階から植物栽培へと一歩近づいたことを物語っているといえるのではないか。なかには、縄文人は家庭菜園のような規模で栽培活動から始めたのではないかとイメージする考え方もある。エゴマ・ヒョウタン・アサなどの生活財を入手するための栽培なども十分考えられる。

鳥浜貝塚人の財産目録ともいうべき出土品、とりわけ木器類、漆製品、縄や編み物類の繊維製品などほかでは出土例のきわめてまれな品々をよく観察すると、あながち鳥浜貝塚の縄文農耕の存在を全面的に否定する根拠は乏しいと、わたしには思える。

第四節　交易

●縄文版ヤシの実

鳥浜貝塚出土の土器のなかには、その文様から明らかに関東方面の地域性を示すものがあることは第一節でふれた。このことから考えられるのは、まず交易があり、もう一つに通婚圏がある。他地域の者との結婚に伴って、土器や文様が伝わってくるのである。そのことはまた、狭い地域内の結婚による血の濃さの弊害を知っていたからと思われる。

生存のために交流・交易があるのだろう。が、人間本来の未知なるものへのあこがれ、冒険する心が縄文人を鳥浜から日本海の荒波を乗り越えてさまざまな地へわたらせたと想像している。

渡来栽培植物の出土は、日本海を舞台とした交易の存在を考えなければ、解決できない縄文文化がそこにある。もはや、東アジアの視点から縄文文化を考える段階にきているのである。

鳥浜貝塚を日本海文化という視点から眺めるとあらためて興味深い姿を現してくる。

一九七三年（昭和48）の範囲確認調査のとき出土したココヤシは、五千五百年前、黒潮に乗り、対馬暖流によって若狭湾にもたらされたものである。島崎藤村の「椰子の実」は太平洋の伊良湖岬に漂着したが、縄文版は鳥浜貝塚に流れ着いた。柳田国男の『海上の道』はこれまた縄文時代まで押し上げられたわけである。

讃岐や大阪・二上山から運ばれたサヌカイト

サヌカイト同様隠岐や信州から運ばれた黒曜石

ヤシの実

若狭湾のヤシの実については、一九世紀初めの小野蘭山の労作『本草綱目啓蒙』にも、「四辺の海浜に漂着し来たる。故に四国、但州、奥州、若州の地にままあり」と記されており、ヤシの実が若狭地方へ漂着することは、実際にはずっと古くから知られていたのである。

ココヤシの実の構造は、外側に外果皮とよぶ皮、そして中果皮とよぶ厚い繊維の皮、そのなかに核とよぶかたい内果皮で構成されている。鳥浜貝塚から出土したのは内果皮の部分の破片で、合計四個体分の出土がみられた。

●海のベルトコンベア

対馬暖流は、黒潮が九州南部で枝分かれし、九州の西岸を北上して、対馬海峡を通って日本海にはいり、津軽半島沖まで北上する。津軽半島に達した主流は津軽海峡から太平洋に出て、三陸海岸を南下する。また一部の支流は北海道の西を北上し、宗谷海峡付近で衰退する。

漂着物に詳しい中西弘樹さんによれば、フィリピンの東海岸沖の熱帯海域に源を発する黒潮は、「さまざまな物をベルトコンベアのごとく日本列島へと運び続けている」(中西弘樹「対馬海流と漂着物」『季刊考古学』第一五号 一九八六)といい、対馬暖流は熱帯起源の漂着物だけではなく、中国大陸や朝鮮半島からの漂着物も多く存在するという。

●大陸文化との交流

鳥浜貝塚から出土した石器の石材についてみても石鏃、石匙、削器などの剥片石器の原材には、大量のサヌカイトや輝石安山岩、そして少量の黒曜石が遠隔地から運ばれている。日本海を媒介にした石材は、能登産の輝石安山岩と隠岐産の黒曜石の交易が注目されよう。いわば日本海の荒波を乗り越えて丸木舟をこぎだし、遠く離れた縄文人同士の交流が盛んであったことを物語る。

さらに、大陸文化との交流でふれておかねばならないのは、漆の問題である。

鳥浜貝塚では、土器や木製容器類に鮮やかな文様を描いた漆の逸品が出土していることは、すでに紹介した。漆は高度な漆工技術が存在しなければ、このような優品が製作されることは不可能である。縄文時代前期の鳥浜貝塚の漆工は、縄文人固有のものなのか、漆のきた道を韓国、中国など東アジアで追ってきた。わたしは、古い時期に大陸から漆工の伝播があったと想定している(「漆のきた道」『アジア文化研究所論集』第二号 二〇〇一)。

石材や漆の事実から、日本海の鳥浜の地をめざして、北からあるいは南から航海してきた縄文人がいたであろうし、あるいは大陸からはるばる危険をおかして渡来してきた人もいるのではないかと思われる。原始時代における日本海の人の往来は、なにも弥生時代からではないことが明らかになりつつあると思う。

まとめ

思えば一九六二年(昭和37)の冬以来、四〇年以上の年月を経て、わたしも六〇歳を超えた。鳥浜貝塚は、これまで述べてきたような経緯をたどり、さまざまな調査結果が得られた。それは、二度と再び出合うことのない稀有な遺跡であったことを、いっそう鮮明にするものであり、文字通りわたしのライフワークとなったことを本当に感謝している。

鳥浜貝塚がもたらしたものは、考古学の常識を覆すものであるといわれ、定説に対する挑戦の連続であったともいわれたが、確かに、かつて考古学が経験したことのない遺跡であった。とくに植物性遺物をはじめとする、豊富で多種多彩な遺物群が、整然と出現したのである。この稀有な鳥浜貝塚に対しては、迅速に、考古学の関連諸科学との緊密な総合調査体制を確立して対応した。これが、調査の新分野開拓に大きく貢献し、学問的な挑戦を意味するものとなったといえよう。

全国的に縄文時代の低湿地遺跡が調査されるに及んで、この遺跡が明らかにした研究成果をより確実なものにしているのは喜ばしい。

この遺跡がわが国の考古学界にもたらしたものは多岐にわたるが、いうまでもなく日本の基層文化を考える上に、重要な問い掛けをしていると思われる。これまで紹介してきたことをまとめると、考古学的には、大きく「五つの成果」をあげることができると思う。食生活の問題、栽培植物の問題、木工技術の問題、繊維工芸技術の問題、漆工技術の問題などである。

食生活の問題一つをとってみても、かれらは無計画に、いわば、手当たり次第に食を求めたのではなく、季節の特性とかれらの行動を調和させ、「旬」を選んで食べている。また栽培して食べることも知っていた。いわば、「種蒔く人」となって食料や生活財を入手していたのである。そのうえ、縄文の匠たちがみせた精巧な製作技術には、心底驚きの念に打たれたものだ。縄は縄文文化のシンボル的存在であるが、その実物が多種多様に検出されたという、鳥浜貝塚ならではの意義も大である。

さらに「赤と黒の神秘」と実感した漆工技術の存在がある。前に紹介した中国河姆渡遺跡では、七千五百年前の漆製品が検出されており、漆工技術が大陸から伝播した可能性を強く示唆している。わが国で別の系譜で存在したとする考え方もあるが、わたしは大陸からの伝播の可能性が強いと思う。

さらに、これらを総合的に観察し、冷静に見定めるならば、鳥浜貝塚が包蔵している縄文文化には、人類と自然環境のあり方が具体的に示されており、かれらの自然観と行動的な生活像がシャープに映し出されている。それらはまた、われわれの日常生活の将来を、世界の自然からとらえる人類史の視点をもってなすべく迫ってくるようだ。

鳥浜貝塚の調査報告書は、全七冊、一九三二ページになる概報を毎年出版することができた。鳥浜貝塚の各報告書は二千部以上、計一万五千部以上が、全国にまた海外へと広まっており考古学の分野だけではなく、多方面の人々に読まれている。

これらの成果は、多くの先学、先輩、友人そして研究仲間の温かい協力があってこそ実現したものと感謝している。ともに調査を推進してきた上野晃さんともよく語り合うのだが、多くの研究者に資料の公開をすることを大切にして、分析や鑑定を依頼した。加えて現場へ実際に参加して、調査の表裏・核心にふれてもらうことなどに努めたつもりだ。

一九八五年(昭和60)秋には、多くのボランティアの手で第一号丸木舟の復元を実現した。岡本太郎さんを舟長に迎え、深い森を背景にした三方湖に浮かんだその舟に、縄文文化の夢を全国的にみてもらえたことなど忘れられない。調査の締めくくりにふさわしい情景であった。

また小学六年生の教科書に、鳥浜貝塚が取り上げられ、ほかにも多くの本のなかで、大昔の人々の生活の紹介には、鳥浜貝塚が取り上げられるようになっている。ということは、棍棒一つもってさまよう縄文人のイメージを一新し、もっと身近な人間味があり、自然への畏敬の念を忘れず、自然と調和した見事な知恵をもって躍動する縄文人をデビューさせたことである。またギネスブック流にいえば、「最古」とか「初めて」とか、いろいろと記録を塗り替える話題の多い遺跡である。

鳥浜貝塚はそのなかで、「ルーツをさぐる」という視点からいえば、日本文化の始原を訪ねるのには格好の遺跡であるといえよう。「舟の始原」「弓の始原」「縄・編み物の始原」と枚挙に暇がない。

この遺跡の調査の進行で報道された新聞の切り抜きは数百枚にのぼる。日本で初めて、あるいは世界で最古とマスコミを騒がした遺跡でもあった。いつの間にか「縄文のタイムカプセル」と称されるようになったのももっともであった。

一方、地元の三方町では、一九八七年(昭和62)以降、毎年九月の二三日に「縄文まつり」を開催し、たいへんなにぎわいをみせている。また鰣川河口に縄文ロマンパークが造成され、一帯に二〇〇〇年四月(平成12)三方町立縄文博物館(DOKIDOKI館)がオープンし、縄文体験館、県立青年の家なども完成し、ようやく鳥浜貝塚が「村おこし」の一環として生かされる時代が到来した感が強くする。

恩師岡本勇さんは、鳥浜貝塚について、「調査によってもたらされた事柄は、今後、縄文文化を考える上で、きわめて重要な課題が提起されている」といわれた。たとえば前にあげた「五つの成果」、木工技術、繊維工芸、栽培植物の問題等々は、縄文文化の重要課題であるだけではなしに、日本文化の土台を理解する上で欠かすことのできない眼目であるというのである(「縄文時代のタイムカプセル―鳥浜貝塚の発掘―」『発見と考古学』名著出版　一九九六)。

鳥浜貝塚は、従来の認識を一新させる膨大な情報をもたらし、多くの新知見を生んだが、本当にまだまだわからないことだらけであるし、進行中の分析調査や新たな研究課題も多々あり、今後の成果を期待されている。わたしも一九六二年にこの遺跡に出合った原点に立ち戻った気持ちで、今後も、この遺跡に情熱を注ぎ、学問的な成果をさらに積み重ねて多くの人と、縄文人の姿を追って、いろいろな夢を語っていきたいと思う。

付　三方町縄文博物館―観覧ガイド

三方町縄文博物館は、国道一六二号線沿いの鰣川河口の三方湖畔に造成された縄文ロマンパークの中心施設として二〇〇〇年四月（平成12）に開館しました。この、鰣川河口から上流五〇〇メートルの高瀬川との合流付近には、鳥浜貝塚が所在しています。

建物は、一九九六年度（平成8）に「縄文」をテーマにした博物館として、公開設計コンペを実施し、横内敏人建築設計事務所（京都市）の作品を採用しています。外観は、縄文文化を象徴する土偶のお腹をイメージした卵型平面の丘状を呈する鉄筋コンクリート二階建で、外には換気塔、トップライト、ドライエリアの塔屋が突き出しています。建物は屋上全体に客土し、芝の植栽により緑化し、緑豊かな周辺環境に溶け込んでいます。

来館者は、外部階段でエントランスホールのある二階レベルにいったんあがり、内部階段で建物中央の吹き抜け空間の底部、一階の縄文ホールに下り、常設展示室への導入空間の土偶ロード、土器の径の回廊を経て常設展示に至ります。常設展示は、次のように七章で構成されています。

第一章　太古の森　縄文時代の杉の埋没林を中央に展示する縄文ホールで、森の象徴として杉型枠コンクリート打放しの数本の換気塔が巨木の森をイメージし、森の生命力を感じることができます。

第二章　縄文世界へのいざない　常設展示室への導入空間で、正面に遮光器土偶（岩手県田野畑村出土・レプリカ）を展示しています。また、回廊の壁は、縄の圧痕で縄文風に仕上げています。

第三章　土と炎の造形　回廊の土器の径は、縄文土器の造形性、文様、地域性などをテーマに各地の

三方町縄文博物館全景

縄文土器を借用展示しています。毎年春と秋に展示替えを行い、常にライトアップされた四〇点前後の縄文土器を目の前で見ることができます。

第四章　森と海の文明　三方町では、鳥浜貝塚から二隻、ユリ遺跡から四隻の合計六隻の縄文の丸木舟が出土しています。ここでは、保存処理の済んだユリ遺跡出土の三隻の丸木舟及びガラス床下にはユリ遺跡二号丸木舟の出土状況が再現されています。また、縄文の丸木舟の比較としてネパール、パプアニューギニアなどで現在でも使用されている民俗資料の八隻の丸木舟が展示されています。

第五章　鳥浜文化からみる縄文時代　メイン展示の鳥浜貝塚の特徴とする出土遺物及びその復元品・使用状況が中心に展示されています。その展示構成は、①鳥浜貝塚にみられる高度な技術、②木器文化、③縄の文化、④縄文ファッション、⑤縄文漆、⑥鳥浜ムラ、⑦縄文のタイムカプセル・剝ぎ取りからわかる土器型式、⑧鳥浜の春〈採集・縄文時代の漁業・縄文水族館（湖）〉、⑨鳥浜の夏〈漁・ヤス漁・縄文水族館（海）〉、⑩鳥浜の秋〈縄文植物園・調理と保存・

さまざまな調理〉、⑪鳥浜の冬〈狩猟・縄文動物園・縄文の豊かな食〉、⑫サイエンスアイ・幸運なウンチ、⑬縄文時代の原始農耕、⑭稲作を拒否した縄文時代、⑮縄文の精神世界に細分されています。

第六章　現代と縄文　現代の地球環境問題を考えるときに、もう一度縄文時代の世界観である〃再生と循環のこころ〃を問うコーナーで映像資料があります。また、三方五湖と環境考古学のコーナーでは、三方湖、水月湖のボーリング調査で得られたデータから一〇万年以上の自然と人間の営みを紹介しています。ディスカバリールームでは、展示物だけでなく、検索パソコン・掲示板などで違った視点から縄文を知ることができます。

第七章　シアター　シアター「地母神殿」では、長野県井戸尻考古館・尖石縄文考古館及び鹿児島県屋久島、青森県白神山地の人々のご協力をもとに撮影したコンセプト映像『縄文』（上映時間約二五分）を上映しています。

また、縄文に関する情報を全国に発信する博物館として、

常設展示　鳥浜貝塚の四季

常設展示　鳥浜貝塚の技術

全国の博物館とネットワークを組み、縄文文化への理解を深めるための協力体制を整備することも当館の一つの役割と考えています。

さらに、地域に根ざした博物館として近隣の国立若狭湾少年自然の家（小浜市）、福井県海浜自然センター（三方町）、同じ縄文ロマンパーク内の福井県立三方青年の家と当館が研修・体験を備えた社会教育施設ゾーンとしてお互いの利用促進を図り、特徴のある体験型講座等の企画運営が必要と考えています。

鳥浜貝塚出土遺物が重要文化財に指定される

国の文化財保護審議会は、二〇〇二年（平成14）三月二二日に鳥浜貝塚から出土した国内最古の丸木舟など一三七六点を重要文化財（考古資料）に指定するよう文部科学大臣に答申し、あらためて、鳥浜貝塚出土遺物の重要性が再認識されました。

（三方町縄文博物館　田辺常博）

鳥浜貝塚出土遺物展示施設

三方町縄文博物館

所在地	福井県三方郡三方町鳥浜122-12-1
電話	0770-45-2270
ホームページ	http://www.town.mikata.fukui.jp/jomon/
Eメール	jomon@town.mikata.fukui.jp
開館時間	午前9時～午後5時（入館は午後4時30分まで）
休館日	毎月第1月曜日（国民の祝日・振替休日の場合はその翌日）年末・年始
観覧料	大学生以上大人　500円 小学生・中学生・高校生　200円　団体割引　20名以上2割引
交通機関	JR小浜線三方駅下車　車で約5分 北陸自動車道敦賀ICから約30分

福井県立若狭歴史民俗資料館

所在地	福井県小浜市遠敷2丁目104
電話	0770-56-0525
開館時間	午前9時～午後5時（入館は午後4時30分まで）
休館日	毎週月曜日・国民の祝日（こどもの日・文化の日を除く）年末・年始
観覧料	一般および大学生　100円 小学生・中学生・高校生・満70歳以上の方　無料
交通機関	JR小浜線東小浜駅下車　徒歩5分

あとがき

恩師岡本勇先生の影響というか、とにかく原稿が遅筆・執筆が進まないのにはわれながら困っている。ついには、先生への追悼文集にも原稿が間に合わず、先生や昭子夫人に申し訳なく、これまでのように気楽に横須賀にいけないという気持ちであった。昨年一一月一一日、先生が尊敬する友人、市原寿文先生からお葉書を頂戴した。

父親が五月一〇日に九〇歳で永眠し、喪中の葉書を差し上げたところ、父を追悼するお言葉に加えて、「今春の『貝塚』56号、殊の外、反響の声を聞き、筆者の一員として岡本さんを改めて悼ぶ思いを深くしました。君の告別式当日の弔辞、その後活字になっていないのが何とも残念です。ご生前の岡本さんの一面を実によく語っている文章だったと思います」とあり、一度、考え直すようにと記されていた。まことに恥ずかしく、われながら赤面するしかなかった。

恩師岡本勇先生は一九九七年一一月一六日永眠された。安らかなお顔であった。一八日の告別式で教え子を代表して弔辞を読んだ。いろいろな場面が目の前に現れ、涙があふれてきた。

恩師の友人のお言葉は重く、わたしの「もう一枚の葉書」となった。本書の再刊を機として鳥浜貝塚に深く関わられた恩師への感謝を込め、その弔辞を収録させていただいた。

立教大学二年生の秋一〇月、浅沼稲次郎さん暗殺のニュースが、突如とびこんできました。「森川君、さあ行こう」と池袋の地下鉄に急ぎました。国会議事堂で「暴力反対」のシュプレヒコール、先生とともにそこに集まった多くの見ず知らずの仲間達とスクラムを組んで、声をからして、力いっぱい抗議を続けましたね。

「考古学をなぜ学ぶのか、考古学とは何ぞや」が、この日の夜を徹しての強烈な講義・実習でした。新橋駅のガード下で、先生は酒を酌み、わたしはラーメンをご馳走になりながら。

六〇年安保闘争を経験した私たちに、平和と民主主義の尊さ、日本の独立、米軍基地撤去を熱っぽく語りかけていただきました。

それでみんなの青春の愛読書が『歴史のための弁明』であり、愛唱歌は「イヌフグリの歌」です。地元の吉井貝塚、茅ヶ崎市西方貝塚、新潟の葎生・小坂・大貝遺跡、三宮貝塚をともに掘り、横浜市三殿台遺跡の発掘にも参加させていただきました。流した汗と共に、よき思い出です。

先生の薫陶を受けた教え子は、考古学を学ぶ同志として、また社会人として、得意な時も、失意な折にも、私たちの絆の大切さを守り、先生とともに歩んできました。

立教大学の考古学ゼミが一九六二年、六三年と二か年、郷里の鳥浜貝塚発掘調査に取り組み、以来四半世紀、一〇次調査までいきました。

強力な磁石が足の裏についているようだとこぼしながらも、ご不自由な足を引き摺りながら鳥浜貝塚の現場にお越しくださいました。「トリハマに科学の光を、若狭考古学会主導の調査体制を組め、成果は

Eトレンチ層序実測（1963年 8 月）

栃木県磯山遺跡(1963年 3 月)
左　相沢忠洋先生

第 3 次調査の現場（1972年 3 月）

鳥浜貝塚再訪（1990年 5 月）

みんなのもの、独占はいけない」。この言葉を肝に銘じました。

それにしても先生は、お酒がお好きでした。アルコールの度数が上昇し、比例して迸る考古学にかける夢。下戸のわたしは「君は人生を失っているよ」と笑われてしまいました。

平和運動家、考古学者として今日あるのは何にもまして、奥様とお嬢様の牧子さんの大きな支えがあってのことだと確信します。

横須賀考古学会、考古学を考える会など共に歩まれた方々が、お別れの言葉をささげたいと希望されたことと思います。教え子のわたしに尊い機会を与えられたことは悲しさのなかの喜びと誇りであります。


先生どうか安らかにお休みください。

後藤先生、赤星先生、和島先生とどうぞ無限の考古学談義に。

私たちをこれまでどおり、天から温かくお導きください。不肖の教え子より

●再刊に際して

本書は、読売新聞社から「日本の古代遺跡を掘る」シリーズ全五巻の第一巻目として、一九九四年に刊行された大塚初重先生監修　日本の古代を掘る一　『鳥浜貝塚―縄文のタイムカプセル―』の再刊である。

読売新聞社版が刊行されてからかなりの時間も経ち、本シリーズも品切れとなって久しい。遺跡の所在する三方町には三方町縄文博物館が開館して、鳥浜貝塚への関心も高まり、入館者も一〇万人を超えるなど大きな反響がある。こうしたなかで本書を読みたいという希望も多くあり、読売新聞社に問い合わせたところ、

絶版となっていて重版する計画はないとのことであった。ただし、本書を改めて刊行する場合には、三方町縄文博物館にすべてを任せるということであった。そこで三方町縄文博物館は未來社に刊行の打診を行い今回の再刊となったのである。

読売新聞社版は、二部構成で「鳥浜貝塚七〇〇〇年の四季」をわたしが担当し、後半を橋本澄夫先生が「縄文人の世界」で縄文文化の概説をまとめられたが、今回の再刊に際して、鳥浜貝塚に関する部分のみを収録させていただくことにした。

また、内容についても全面的に見直す方針であったが、さまざまな制約があり、最小限にとどめたことをまずお断りしたい。「漆」に関しては、その後の研究の一端を加えた。年月がたって記述がおかしいところは直し、口絵や文中の写真も入れ替えたものもある。

第二章第一節「木器の修繕」のなかでふれた〝合い釘〟の記述と写真は、悩んだ末今回はずした。理由は、若狭歴史民俗資料館勤務のころ、古墳出土の鉄剣など鉄製品を県工業試験場でエックス線撮影した際、〝合い釘〟の木製品もついでにお願いしたが、映像には写らなかった。〝合い釘〟は第五次調査の際、岡本先生が木製品の詳細な検討のなかで、発見し指摘された新たな所見であった。すぐさま先生のもとに、撮影結果報告のため参上したが、エックス線の種類を指摘され、〝合い釘〟であることはまちがいないといわれた。その後、わたしのもとでは再検討する機会もなく、時間だけが過ぎていった。他の遺跡で出土したという類例も管見にして聞いたことがない。〝合い釘〟は今後の研究を待つことにしたい。

鳥浜貝塚について書いてみないかと、原稿依頼があった頃は、勤務していた若狭歴史民俗資料館から、一九八八年三月二一日の「闇討ち転勤」を経験し、若狭高校に転勤した直後であった。若狭高校で社会科を教え、複雑かつ多忙なる環境で、原稿はおもに、夜間に執筆していた。今浦島のようなわたしが、若い生徒に囲まれた高校は、あたかも聖地であり、頭を冷やす絶好の場になった（『若狭考古の周辺』若狭路文庫　一九九六）。

初期の鳥浜貝塚の調査は、周囲の冷たい目のなかで進行していた。三方町縄文博物館のにぎわいは、これまた複雑な思いである。世紀が変わり、時代も変わった。本書再版にご尽力いただいた方々にお礼を申し上げたい。三方町千田千代和町長をはじめ町の皆さん、町教育委員会、とりわけ縄文博物館の玉井常光さん・田辺常博さん、両常コンビにはたいへんお世話になった。

序文を賜った縄文博物館の梅原猛館長に、心から感謝申し上げたい。「君のトリハマの本を二度も読んだ」、「考古学をやっているものの文章としては、まあ理解できた」と激励をいただいた。

国際日本文化研究センター安田喜憲教授には公私ともお世話になった。一九九七年から五か年計画で精力的に推進された「長江文明の探求」のプロジェクトに加えてもらった。浙江省、四川省、雲南省、湖南省、江蘇省、河南省、遼寧省で多くの研究者と漆やヒョウタンを研究する場を与えてもらった。鳥浜貝塚を東アジアから見直す機会をもてたことは貴重な経験である。環境考古学者の学恩に深甚なる感謝を申し上げたい。

一九九五年四月から、愛知県大府市にある中京女子大学人文学部にわが国最初に設置された「アジア文化学科」に勤務することになった。高校定年前の人生の賭けであった。若い女子大生に「トリハマ」を語ってきた。夏期休暇をはじめ学期の節目の休暇を利用して、韓国や中国に出かける機会をもらった。これまで行けなかった地域に出かけるチャンスと研究の場を与えて下さった谷岡郁子学長、金萬亭人文学部長、学科の同僚、大学の教職員の皆様にも感謝の念で一杯である。

異郷に近い愛知県にきて、小坂井町の岡本先生の友人中村文哉先生に学生ともどもお世話になり、春日井の矢野美代子先生のグループ「悠遊会」の皆さんともアンギンを通じて知り合いとなった。縄文漆の研究を通じて、東都文化財保存研究所朝重嘉朗さんに、雲南省昆明まで一緒に出かけていただき、わが国の漆をはじめ有機質資料の保存処理技術の一端を披露してもらった。「闇討ち転勤」にあった時の失意のなかで、さりげなく激励に来てくれたことは忘れられない。古くからの友人で、保存処理の第一人者には、人生をも教えてもらったようだ。

中国では、上海・同済大学蔡敦達先生には、一九九五年から毎年の恒例となった、漆を追う調査に付き合っていただいた。九六年からは河姆渡遺跡博物館を四度訪問し、邵九華元館長、趙暁波副館長から数々のご教示をいただいた。全国人民代表大会代表・浙江大学毛昭浙教授にも河姆渡遺跡の資料見学をはじめ数々のお世話をいただいた。浙江省社会科学院林華東先生からは、漆に関して有益なご教示をいただいた。四川連合大学霍巍教授には、三星堆遺跡をはじめ成都周辺の遺跡を親しく案内いただき、長江上流域の長江文明に関して有益なご教示をいただいた。「遼河文明」を提唱する遼寧省博物館にも二度訪問できた。阜新市査海遺跡をはじめ中国東北部の新石器時代研究の機会を与えてもらった。楊仁愷遼寧省博物館名誉館長もお元気で、紅山文化の玉器は、石徳武副館長をはじめ館の皆さんの好意で親しく見学ができた。今秋オープン予定という、空からみると猪竜をイメージした新館の開館が待たれる。

韓国国立光州博物館金誠亀館長には、朝鮮(韓)半島の新石器時代に関して、文献の紹介や見学の便をはかってもらった。研究の面でもご教示いただいた。

本年二月、亡き父母の供養と自分探しの旅に妻と生まれ故郷の大連を訪ねた。引き揚げ後、はじめて訪問

旧大連市役所前（2002年２月）

した大連は、日本の建築物が残存し、六〇数年前にタイム・スリップしたような印象であった。多くの乗船者でにぎわいをみせる大連港にたたずんで、家族を無事に引き揚げさせた、いまは亡き両親の労苦を思った。

畏友大森宏さんは、惜しまれて亡くなられた。笠原安夫先生・嶋倉巳三郎先生も多くの成果を残して逝かれた。笠原先生からはよく電話をいただいた。津山弁は難解であった。電話口で、奥様が先生の話される内容をわたしに理解させようと、訳されたことがなつかしい。ともに歩んできた上野晃さんはトリハマの語り部としてホームページを開設し、情報の公開をしている。立教大学考古学ゼミで苦労した友人井関博道・中川勝両君も現役で活躍している。

共通の恩師をもつ、立教大学考古学研究会の後輩、第三次調査の折には東京から馳せ参じてくれた未來社の吉田哲夫君には、本書再刊に際して並々ならぬお世話をかけた。

多くの方々の善意で本書の再刊までこぎつけることができた。

二一世紀にはいり、日本の考古学は厳しい局面に立たされている。岡本先生が生きておられたらなんといわれるのかお聞きしたいものだといく度も思ったものだ。
読売新聞社版を刊行してまもなく、岡本先生にお会いした折、「よかった」とだけ感想をもらされたことを記憶している。今回の再刊が先生を偲ぶ書ともなったことは、喜びと悲しみが半分ずつ交錯する。

二〇〇二年三月

森川昌和

図版・挿図出典一覧

●数字はページをあらわす。以下、図版名称、出土地、所蔵または保管者、図版提供者の順序で掲載した。また、引用図の場合は出典を掲げた。

●特に表記のないものは著者提供。

〈カラー口絵〉

1　鳥浜貝塚周辺の航空写真　福井県三方町観光課

8　赤色漆塗り櫛　福井市柳沢一郎氏撮影

〈本文〉

11　1914年（大正 3）以前の鳥浜貝塚周辺の地形模式図　福井県教育委員会・福井県立若狭歴史民俗資料館『鳥浜貝塚』 4・1984（以下『鳥浜貝塚』 4）　44頁

11　1976年（昭和51）当時の鳥浜貝塚周辺の模式図　『鳥浜貝塚』 4　44頁

14　鳥浜貝塚の発掘地点（A・Bトレンチ）・模式断面図　福井県教育委員会『鳥浜貝塚』1・1979（以下『鳥浜貝塚』 1）　177頁

24　遺跡の調査区と範囲　福井県教育委員会・福井県立若狭歴史民俗資料館『鳥浜貝塚』1980～1985年度調査のまとめ・1987（以下『鳥浜貝塚』 まとめ）　4頁

26　遺跡破壊を伝える当時の新聞　昭和49年10月22日朝日新聞福井版

32　主要遺物出土数一覧表　『鳥浜貝塚』 まとめ　44・45頁

36　調査の歩み　潮見浩編『探訪　縄文の遺跡　西日本編』有斐閣

44・45　木製品製作の技法模式図　『鳥浜貝塚』 1　102頁

47　年輪にそった板材のとり方　『鳥浜貝塚』 1　108頁

49　容器の木どり　『鳥浜貝塚』 1　108頁

50　赤色漆塗り飾り櫛の実測図　『鳥浜貝塚』 1　130頁

51　補修用の孔があけられている木製容器　『鳥浜貝塚』 1　128頁

52　おもな木製品樹種　『鳥浜貝塚』 1　154頁

62　石斧柄の製作工程　『鳥浜貝塚』 1　104頁

65　杭先端部の切断面　『鳥浜貝塚』 1　134頁

68　杭の出土状況　『鳥浜貝塚』 4　10頁

68　第1号丸木船の実測図　福井県教育委員会・福井県立若狭歴史民俗資料館『鳥浜貝塚』3・1985　85頁

74　縄文時代草創期の原風景　安田喜憲『環境考古学事始』日本放送出版協会　147頁

75　縄文時代前期の原風景　安田喜憲『環境考古学事始』日本放送出版協会　148頁

76　適材適所　鳥浜人の道具と樹種の選択との関連　三方町縄文博物館常設展示図録

79　出土した昆虫の例　富樫一次「昆虫の語る自然史」『季刊　考古学』雄山閣　第15号・1986

79　鳥浜貝塚で抽出された昆虫　富樫一次「昆虫の語る自然史」『季刊　考古学』雄山閣　第15号・1986

84　1984年度調査区標準層序と土器型式の変遷　潮見浩編『探訪　縄文の遺跡　西日本編』有斐閣

86　糞石の形状の名称　『鳥浜貝塚』 1　171頁

91　梅丈岳の頂上から見た若狭湾　福井県三方町観光課

96　狩猟・漁労関係の遺物数量「考古学ジャーナル」ニュー・サイエンス社　231号・1984・15頁

99　地獄針とよばれる釣り針『鳥浜貝塚』　1　184頁

100・101　鳥浜貝塚近辺のおもな食料『図解　日本の人類遺跡』東京大学出版会

111　流通する土器　『鳥浜貝塚』5・1985　28頁、『京都府史蹟名勝天然記念物調査報告』第16集・1935　図版第47

森川昌和（もりかわ　まさかず）
1940年　中国大連市生まれ
1966年　立教大学大学院終了
　　　　県立小浜水産高校教諭
　　　　若狭教育事務所文化財調査員
　　　　若狭歴史民俗資料館副館長
　　　　県立若狭高校教諭
1995年〜　中京女子大学人文学部アジア文化学科教授

主要著書
「鳥浜貝塚発掘四半世紀」　新潮社『芸術新潮』12月号　1987
「鳥浜貝塚人の四季」　中央公論社『日本の古代』第4巻　1987
「漆のきた道」　中京女子大学『アジア文化研究所論集』第2号　2001

E-mail：morikawa@chujo-u.ac.jp

鳥浜貝塚―縄文人のタイムカプセル

2002年3月31日　初版第1刷

定価　本体1800円＋税

編集協力　三方町縄文博物館

発行人　西谷能英

発行所　株式会社　未來社

〒112-0002　東京都文京区小石川　3-7-2
電　話　編集部　03-3814-5521
　　　　営業部　048-450-0681
http://www.miraisha.co.jp
Email:info@miraisha.co.jp
振　替　00170-3-87385

印刷・製本　図書印刷
ISBN4-624-11189-3 C0021

岡本　勇著　縄　文　と　弥　生　三八〇〇円
中村五郎著　弥　生　文　化　の　曙　光　三五〇〇円
全　浩　天著　キトラ古墳とその時代　二八〇〇円
全　浩　天著　前　方　後　円　墳　の　源　流　二四〇〇円
全　浩　天著　朝鮮から見た古代日本　二四〇〇円
表示は本体価格（税別）